Argent rapide pour les étudiants

ARGENT RAPIDE POUR LES ÉTUDIANTS

Par : D.K. Hawkins
Série "Quick Money"
Version 1.1 ~Janvier 2023
Publié par D.K. Hawkins sur KDP
Copyright ©2023 par D.K. Hawkins. Tous droits réservés.

Aucune partie de cette publication ne peut être reproduite, distribuée ou transmise sous quelque forme ou par quelque moyen que ce soit, y compris la photocopie, l'enregistrement ou d'autres méthodes électroniques ou mécaniques, ou par tout système de stockage ou de récupération de l'information, sans l'autorisation écrite préalable des éditeurs, sauf dans le cas de très brèves citations incorporées dans des critiques et certaines autres utilisations non commerciales autorisées par la loi sur le droit d'auteur.

Tous droits réservés, y compris le droit de reproduction totale ou partielle sous quelque forme que ce soit.

Toutes les informations contenues dans ce livre ont été soigneusement recherchées et vérifiées quant à leur exactitude factuelle. Toutefois, l'auteur et l'éditeur ne garantissent pas, de manière expresse ou implicite, que les informations contenues dans ce livre conviennent à chaque individu, situation ou objectif et n'assument aucune responsabilité en cas d'erreurs ou d'omissions.

Le lecteur assume le risque et la pleine responsabilité de toutes ses actions. L'auteur ne sera pas tenu responsable des pertes ou des dommages, qu'ils soient consécutifs, accidentels, spéciaux ou autres, qui pourraient résulter des informations présentées dans ce livre.

Toutes les images sont libres d'utilisation ou achetées sur des sites de photos de stock ou libres de droits pour une utilisation commerciale. Pour ce livre, je me suis appuyé sur mes propres observations ainsi que sur de nombreuses sources différentes, et j'ai fait de mon mieux pour vérifier les faits et attribuer le mérite à qui de droit. Dans le cas où du matériel serait utilisé sans autorisation, veuillez me contacter afin que l'oubli soit corrigé.

Les informations fournies dans ce livre le sont à titre informatif uniquement et ne sont pas destinées à être une source de conseils ou d'analyse de crédit en ce qui concerne le matériel présenté. Les informations et/ou documents contenus dans ce livre ne constituent pas des conseils juridiques ou financiers et ne doivent jamais être utilisés sans avoir consulté au préalable un professionnel de la finance afin de déterminer ce qui convient le mieux à vos besoins individuels.

L'éditeur et l'auteur ne donnent aucune garantie ou autre promesse quant aux résultats qui peuvent être obtenus en utilisant le contenu de ce livre. Vous ne devez jamais prendre de décision d'investissement sans consulter au préalable votre propre conseiller financier et sans effectuer vos propres recherches et diligences. Dans toute la mesure permise par la loi, l'éditeur et l'auteur déclinent toute responsabilité dans le cas où les informations, commentaires, analyses, opinions, conseils et/ou recommandations contenus dans ce livre s'avéreraient inexacts, incomplets ou peu fiables ou entraîneraient des pertes d'investissement ou autres.

Le contenu de ce livre n'est pas destiné à et ne constitue pas un conseil juridique ou un conseil en investissement, et aucune relation avocat-client n'est établie. L'éditeur et l'auteur fournissent ce livre et son contenu sur une base "telle quelle". Vous utilisez les informations contenues dans ce livre à vos propres risques.

TABLE DES MATIÈRES.

TABLE DES MATIÈRES..3

INTRODUCTION...5

CHAPITRE 1 : COMMENT GAGNER RAPIDEMENT DE L'ARGENT..9

1. VENDRE DES ARTICLES EN LIGNE SUR DES SITES TELS QU'EBAY...9

2. FOURNIR UN TUTORAT DANS UNE MATIÈRE DANS LAQUELLE VOUS EXCELLEZ..13

3. VENDRE DE L'ARTISANAT OU DES PRODUITS FAITS À LA MAIN SUR ETSY OU DES PLATEFORMES SIMILAIRES. 17

4. LOUER VOS MANUELS SCOLAIRES À D'AUTRES ÉTUDIANTS..21

5. ENCHÈRES EBAY. 24

6. OFFRIR DES SERVICES DE GARDE D'ANIMAUX OU DE PROMENADE DE CHIENS..28

7. FAIRE DES PETITS BOULOTS POUR LES GENS DE VOTRE COMMUNAUTÉ..32

8. LOCATION D'UNE CHAMBRE OU D'UNE PROPRIÉTÉ SUR AIRBNB...36

9. FOURNIR DES SERVICES EN FREELANCE......................44

10. PARTICIPER À DES GROUPES DE DISCUSSION OU À DES ENQUÊTES RÉMUNÉRÉS. 48

11. VENDRE VOS PHOTOS SUR DES SITES DE PHOTOGRAPHIE DE STOCK. 55

12. UN ASSISTANT PERSONNEL OU UN COUREUR DE COURSES. 59

13. LOUEZ VOTRE VOITURE. 62

14. PARTICIPER À DES ÉTUDES CLINIQUES OU À DES ESSAIS MÉDICAUX. 66

15. SERVICES D'ASSISTANTS VIRTUELS. 71

16. VENDRE VOS VÊTEMENTS OU ACCESSOIRES USAGÉS. 74

17. VENDRE VOS COMPÉTENCES EN MATIÈRE DE TUTORAT OU D'ENSEIGNEMENT SUR DES SITES WEB. 77

18. RÉDACTEUR OU ÉDITEUR INDÉPENDANT. 80

19. OPPORTUNITÉS RÉMUNÉRÉES EN LIGNE ET MODÉLISATION. 83

20. MARKETING D'ARTICLE. 86

21. SITES WEB DE MICRO-EMPLOI. 90

22. PROGRAMMES D'AFFILIATION. 95

23. GOOGLE ADSENSE. 100

24. TRANSCRIPTEURS À DOMICILE. 105

25. BARTENDING. 108

26. PARTICIPER À DES STAGES OU À DES APPRENTISSAGES RÉMUNÉRÉS. 111

27. FREELANCING ET GIG ECONOMY EMPLOIS. 119

CHAPITRE 2: ÉTAPES POUR COMMENCER À GAGNER DE L'ARGENT RAPIDEMENT. 125

CONCLUSION. 130

INTRODUCTION.

Êtes-vous un étudiant qui cherche à améliorer ses conditions de vie en gagnant rapidement de l'argent ? Je ne te blâme pas, mon pote, car je comprends à quel point les années d'université peuvent être difficiles financièrement. Tu peux arrêter de t'inquiéter maintenant parce que je vais t'expliquer comment les étudiants peuvent gagner de l'argent rapidement sans interférer avec leurs études.

Si vous êtes un tant soit peu familier avec Internet, comme je suis sûr que vous l'êtes, vous avez sans doute rencontré d'innombrables publicités pour des opportunités de gagner de l'argent en ligne. Malheureusement, la plupart de ces publicités sont des stratagèmes frauduleux conçus pour vous voler votre argent.

Comme vous le savez certainement déjà, si quelqu'un vous assure que vous pouvez gagner des dizaines de milliers de dollars sans travailler, il tente de vous escroquer. Cependant, il existe des moyens légitimes de gagner rapidement de l'argent sans travailler à plein temps.

Comme vous le savez probablement déjà, des milliers d'organisations, allant des grandes sociétés aux petites entreprises, font de la publicité sur Internet. Ces entreprises sont plus qu'heureuses de rémunérer les personnes qui les aident dans leurs efforts publicitaires.

Par conséquent, vous devrez fournir un petit effort pour gagner cet argent rapide, mais il s'agit d'une tâche relativement facile qui ne demande pas beaucoup de votre temps.

J'aurais aimé connaître cette possibilité de gagner de l'argent à l'université ; cela aurait fait toute la différence pendant mes années d'études. Si vous êtes intéressé par cette approche simple pour gagner de l'argent supplémentaire, vous voudrez naturellement identifier les entreprises les mieux rémunérées. Il n'y a qu'une seule réponse à cette question, que vous devez obtenir.

En tant qu'étudiant, vous pouvez parfois avoir besoin de fonds supplémentaires. Il existe de nombreuses options permettant aux étudiants de générer de l'argent rapidement, qu'ils aient besoin de payer leurs manuels scolaires, leur loyer ou qu'ils souhaitent simplement avoir un peu plus d'argent de poche. Ce livre examine différentes possibilités pour les étudiants à la recherche de revenus supplémentaires. J'aborderai de nombreux moyens efficaces de gagner de l'argent, des emplois à temps partiel sur le campus au travail en freelance en passant par les gigs de l'économie.

Une chose à retenir est que tout le monde ne trouvera pas ces solutions adaptées ou accessibles. Certaines peuvent nécessiter des connaissances ou une expérience spécialisées, tandis que d'autres ne sont accessibles que dans certaines régions. Avant de s'engager dans une opportunité, il est essentiel d'évaluer minutieusement ses risques et récompenses potentiels.

Dans cette optique, examinons plusieurs possibilités de gagner rapidement de l'argent pour les étudiants.

J'espère que cette ressource vous fournira des informations et des idées utiles alors que vous étudiez vos possibilités de gagner de l'argent supplémentaire.

Bonne lecture.

CHAPITRE 1 : COMMENT GAGNER RAPIDEMENT DE L'ARGENT.

1. VENDRE DES ARTICLES EN LIGNE SUR DES SITES TELS QU'EBAY.

En tant qu'étudiant, vous pouvez vendre des objets sur des marchés en ligne tels qu'eBay ou Poshmark pour gagner rapidement de l'argent. Il s'agit d'une excellente solution pour les étudiants qui possèdent des vêtements, des accessoires et d'autres biens légèrement usagés dont ils n'ont plus besoin ou qu'ils n'utilisent plus. Vous pouvez toucher un large public et générer un profit substantiel en mettant ces objets en vente sur une place de marché Internet.

Pour commencer, vous devez créer un compte vendeur sur la plate-forme de votre choix. Cette procédure exige normalement que vous fournissiez des informations personnelles, telles que votre nom et vos coordonnées. Vous devez également établir un mécanisme de paiement, tel qu'un compte PayPal, pour percevoir le paiement des acheteurs.

Une fois votre compte créé, vous pouvez commencer à mettre des objets en vente. Veillez à prendre des images de vos objets qui soient bien éclairées et à fournir des descriptions précises et descriptives. Indiquez vos options de paiement et d'expédition préférées ainsi que toute politique de remboursement ou d'échange.

Pour réussir en tant que vendeur en ligne, il est essentiel de fournir constamment un service clientèle de qualité. Cela implique de répondre rapidement aux demandes de renseignements, d'être franc et transparent sur vos politiques et de tenir toutes les promesses faites aux clients.

Vous devez également être prêt à aller plus loin pour garantir que vos clients sont satisfaits de leurs achats. Il peut s'agir de fournir des informations supplémentaires sur l'article et de nouvelles photos ou de répondre aux questions de l'acheteur.

Outre la vente d'articles dont vous ne voulez plus ou dont vous n'avez plus besoin, vous pouvez également envisager d'acheter des articles dans des friperies, des ventes de garage et d'autres sources. Veillez à effectuer des recherches adéquates et à n'acquérir que des produits en bon état et susceptibles de bien se vendre. Il s'agit d'une excellente approche pour trouver des produits rares ou difficiles à trouver et les revendre à profit.

Vous pouvez également améliorer vos ventes sur une place de marché en ligne en optimisant vos annonces pour les moteurs de recherche. Cela implique d'incorporer des mots-clés importants dans vos titres, descriptions, balises et catégories. Pensez à utiliser des hashtags pertinents sur les médias sociaux pour faire connaître vos annonces et attirer des acheteurs potentiels.

La vente de produits en ligne, comme eBay ou Poshmark, peut être une excellente option pour les étudiants afin de gagner rapidement de l'argent. Vous pouvez convertir vos produits légèrement usagés en une activité secondaire rentable en offrant continuellement un service client exceptionnel et en optimisant vos annonces pour la recherche.

Que vous vendiez des articles dont vous n'avez plus besoin ou que vous n'utilisez plus, ou que vous trouviez des articles à revendre, les étudiants qui souhaitent gagner de l'argent rapidement grâce à la vente sur Internet ont de nombreuses possibilités. Il s'agit donc d'une excellente option pour les étudiants.

2. FOURNIR UN TUTORAT DANS UNE MATIÈRE DANS LAQUELLE VOUS EXCELLEZ.

En tant qu'étudiant, vous pouvez exceller dans certaines matières tout en cherchant des méthodes pour gagner de l'argent supplémentaire. Vous pouvez envisager de proposer des services de tutorat dans une matière dans laquelle vous excellez.

Le tutorat peut être un moyen rapide de gagner de l'argent rapidement, surtout si vous comprenez profondément une matière et que vous pouvez l'exprimer et l'enseigner correctement. Il existe de nombreuses façons de proposer des services de tutorat, et vous pouvez personnaliser votre approche en fonction de vos besoins et objectifs spécifiques.

Voici quelques suggestions pour démarrer une carrière de tuteur:

Déterminez vos points forts : dans quelles disciplines excellez-vous ? Y a-t-il certains sujets au sein de ces disciplines dans lesquels vous vous sentez très sûr de vous ? L'identification de vos points forts peut vous aider à vous concentrer sur les disciplines dans lesquelles vous pouvez apporter le plus de valeur en tant que tuteur.

Déterminez votre disponibilité : Réfléchissez au temps que vous pouvez consacrer au tutorat. Êtes-vous disponible pour donner des cours particuliers quelques heures par semaine, ou préférez-vous vous engager dans des sessions intensives ? Déterminer votre disponibilité vous permettra de structurer vos services de tutorat de la manière la plus avantageuse.

Fixez vos tarifs : Déterminez le montant que vous souhaitez facturer pour les séances de tutorat. N'oubliez pas que vous devez facturer suffisamment pour couvrir votre temps et votre travail tout en restant compétitif par rapport aux autres professeurs particuliers locaux. Vous pouvez également envisager de proposer des remises aux clients de longue date ou aux clients réguliers.

Il existe différentes méthodes pour promouvoir vos services de tutorat. Vous pouvez faire de la publicité sur les médias sociaux, distribuer des prospectus sur le campus, ou contacter les étudiants par e-mail ou en personne. Envisagez de rejoindre une plateforme de tutorat, comme TutorMe ou Skooli, qui peut vous aider à entrer en contact avec des clients potentiels.

La clé de la réussite d'une entreprise de soutien scolaire est de développer de bonnes relations avec vos clients. Soyez accessible, courtois et professionnel, et écoutez les besoins et les objectifs de vos clients. En établissant une bonne relation avec vos clients, vous les rendrez plus à l'aise et plus confiants dans leur apprentissage, ce qui se traduira par de meilleurs résultats et un plus grand bonheur.

Dans l'ensemble, offrir des services de tutorat dans une matière où vous excellez peut être une excellente option pour les étudiants afin de gagner rapidement de l'argent. En reconnaissant vos points forts, en définissant vos disponibilités, en fixant vos prix, en faisant connaître vos services et en établissant une relation solide avec vos clients, vous pouvez créer une entreprise de tutorat prospère qui vous aidera à atteindre vos objectifs financiers. Il s'agit donc d'un excellent moyen pour les étudiants de gagner de l'argent.

3. VENDRE DE L'ARTISANAT OU DES PRODUITS FAITS À LA MAIN SUR ETSY OU DES PLATEFORMES SIMILAIRES.

La vente d'artisanat ou de produits faits main sur Etsy ou d'autres sites Web similaires peut être une excellente méthode pour les étudiants de gagner rapidement de l'argent. En plus de vous permettre d'utiliser vos capacités créatives, vous pouvez également fixer vos horaires et travailler à votre rythme.

Avant de créer une entreprise, il est essentiel de faire des recherches et d'établir un plan. Voici quelques suggestions pour vous aider à démarrer:

Choisissez votre spécialité : Déterminez le type d'articles ou de produits faits main que vous souhaitez proposer. Choisissez un créneau qui vous enthousiasme et dans lequel vous avez de l'expérience. Il peut s'agir de bijoux, de décoration intérieure, de vêtements ou même de papeterie.

Déterminez votre marché cible : à qui comptez-vous vendre vos articles ou produits artisanaux ? Tenez compte de l'âge, du sexe, de la géographie et des passe-temps lorsque vous identifiez votre marché cible.

Fixez vos prix : Déterminez le prix de votre artisanat ou de vos produits en fonction du temps et des matériaux nécessaires à leur fabrication et de la demande du marché.

Développez une marque : Choisissez un nom et concevez un logo pour votre entreprise. Tenez compte de l'image que vous voulez véhiculer et de la façon dont vos clients vous perçoivent.

Créez un compte vendeur sur Etsy ou une plateforme équivalente et mettez en place votre boutique. Il faut créer un profil, ajouter des produits et des prix, et sélectionner les options de paiement et d'expédition.

Prendre des photos de haute qualité est essentiel pour vendre votre artisanat ou vos produits en ligne. Utilisez un éclairage naturel et un arrière-plan basique et, si votre budget le permet, envisagez d'engager un photographe professionnel.

Utilisez un langage descriptif pour attirer l'attention des acheteurs potentiels et mettez en évidence les qualités uniques de votre artisanat ou de vos produits lorsque vous rédigez les descriptions de produits.

Offrez un service à la clientèle exceptionnel : Répondez immédiatement aux demandes de renseignements et soyez prêt à faire un effort supplémentaire pour garantir la satisfaction du client. Cela peut contribuer à établir la confiance et la fidélité des clients.

Utilisez le marketing par courriel, les médias sociaux et d'autres tactiques de marketing pour acquérir de nouveaux clients et promouvoir votre entreprise.

Continuez à étudier : Continuez à vous développer en tant qu'entrepreneur tout en vous tenant au courant des tendances du marché. Cela peut aider votre entreprise à rester compétitive et à continuer à se développer.

La vente d'artisanat ou de produits faits à la main sur Etsy ou sur des plateformes similaires peut être une méthode enrichissante et rentable pour les collégiens de gagner rapidement de l'argent supplémentaire. Vous pouvez transformer votre passion en une entreprise rentable avec la mentalité et les techniques appropriées.

4. LOUER VOS MANUELS SCOLAIRES À D'AUTRES ÉTUDIANTS.

En tant qu'étudiant, vous savez combien les manuels scolaires peuvent être coûteux. En raison des frais de scolarité, du loyer et d'autres frais, il peut être difficile de se procurer le matériel de cours nécessaire. C'est là que la location de manuels à d'autres étudiants entre en jeu. Non seulement cela peut vous aider à gagner un peu plus d'argent, mais cela peut également aider les étudiants qui essaient de payer des manuels coûteux.

Comment pouvez-vous louer vos manuels scolaires à d'autres étudiants ? Voici quelques étapes pour vous aider à démarrer:

Rassemblez vos livres : Faites l'inventaire de tous les textes des semestres précédents et des cours actuels. Dressez une liste des titres, des auteurs et des numéros d'édition pour pouvoir vous y référer facilement lors de la location des livres.

L'un des éléments les plus essentiels de la location de manuels est la détermination du prix de location. Commencez par faire des recherches sur la valeur marchande actuelle de vos manuels pour déterminer leur valeur. Vous pouvez également comparer les prix à la librairie de votre école ou sur des sites Web tels qu'Amazon et eBay. N'oubliez pas que vous voudrez proposer un prix qui soit non seulement compétitif mais aussi rentable.

Une fois que vous avez déterminé le prix que vous souhaitez demander pour vos manuels, il est temps de faire une liste. De nombreux sites et plates-formes sont dédiés à la location de manuels scolaires, comme TextbookRush et CampusBookRentals. Il suffit de s'inscrire, de répertorier vos manuels et de choisir le prix de la location. Incluez des informations détaillées sur l'état de vos manuels, ainsi que tout commentaire ou mise en évidence.

Une fois que vos annonces sont en ligne, il est temps de commencer à les commercialiser auprès des autres étudiants. Pour ce faire, vous pouvez utiliser les médias sociaux, les brochures du campus ou simplement informer vos pairs et vos connaissances de vos services de location. Plus le nombre de personnes connaissant vos locations est élevé, plus vous avez de chances de trouver des locataires.

Il est essentiel de gérer efficacement le processus de location une fois que vous avez trouvé un locataire. Assurez-vous que vos locataires connaissent les conditions de location, y compris la date d'échéance et les éventuelles amendes de retard. Vous pouvez également envisager d'utiliser un contrat de location pour décrire explicitement les conditions de location et vous protéger des problèmes potentiels.

Louer vos manuels scolaires à d'autres étudiants est un moyen fantastique de gagner de l'argent supplémentaire tout en aidant vos amis. Avec un peu d'effort et d'organisation, vous pouvez rapidement transformer vos manuels inutilisés en une activité secondaire lucrative.

5. ENCHÈRES EBAY.

eBay est sans aucun doute la plus grande place de marché, avec plus de 212 millions d'utilisateurs enregistrés et 19 millions d'objets à vendre à tout moment. Trouvez un objet intriguant, mettez-le en vente avec un prix de départ et regardez la magie opérer.

En deux jours à peine, vous pourriez récolter d'énormes bénéfices. Par conséquent, eBay est l'une des meilleures options pour les étudiants en vue de générer des revenus. N'importe quel étudiant peut être sur la voie d'un revenu à temps partiel ou même d'une entreprise à temps plein en suivant quelques étapes seulement et en faisant preuve de la persévérance appropriée.

Quelqu'un va avoir des déchets précieux qui traînent. Avant de vous emballer, vous devez d'abord acquérir un produit. Si vous êtes à l'université, vous avez accès à de nombreuses ressources gratuites. N'importe quel étudiant est toujours prêt à gagner de l'argent rapidement, alors examinez les babillards des étudiants et renseignez-vous localement. Essayez de passer des annonces sur Craigslist ou MySpace ; ces sites sont excellents pour trouver des objets non désirés.

Si vous utilisez la livraison directe, efforcez-vous de limiter vos frais généraux. Vous pouvez également vous renseigner sur les ventes de garage, les magasins d'occasion et même les ventes de charité organisées par les églises. Si vous êtes dans une situation difficile, vous pouvez envisager de visiter des sites Web tels que Overstock.com (un site de vente au rabais) et Doba.com (un site de vente en gros par correspondance). Ces sites facturent des frais extrêmement élevés pour leurs services, ce qui rend extrêmement difficile la réalisation d'un bénéfice.

Ensuite, vous devez créer un compte de vendeur eBay. eBay exige que vous créiez à la fois un compte d'acheteur et un compte de vendeur pour vendre. Saisissez les informations personnelles requises, une adresse électronique valide et un numéro de carte de crédit ou de compte bancaire pour valider votre identification, et vous aurez terminé.

Vous devriez créer un compte PayPal même si vous pouvez choisir votre mode de paiement. C'est le principal moyen de paiement sur eBay. Une fois votre compte créé, vous pouvez commencer.

La plupart des vendeurs eBay décrivent l'établissement d'une liste de produits comme un art et une science. Ceux qui sont déjà familiarisés avec le langage HTML pour des sites comme MySpace trouveront qu'il est facile de créer des annonces. Toutefois, si vous n'êtes pas à l'aise avec le codage, eBay fournit un éditeur HTML simple à utiliser. Plutôt que de vous fier aux services améliorés d'eBay, je vous recommande d'utiliser autant de HTML que possible pour améliorer l'attrait visuel de votre annonce.

Les services d'eBay sont utiles pour le bon article mais peuvent s'avérer coûteux à la longue. Essayez de télécharger vos images sur un site Web d'hébergement d'images gratuit, tel que imageshack.us ou freeimagehosting.net, et incluez le lien dans votre HTML. Cela vous permettra d'utiliser de nombreuses images sans avoir à acheter un pack d'images eBay coûteux.

Les dernières étapes consistent à saisir les conditions de prix, les conditions d'expédition et la durée de l'enchère. Ne vous découragez pas s'il n'y a pas d'enchérisseurs pendant les premiers jours ; la plupart des enchérisseurs aiment placer leurs offres dans les dernières 24 heures. En général, cette période est mouvementée, alors essayez d'adoucir la transaction avec d'autres incitations. Détendez-vous simplement et laissez les clients venir à vous.

6. OFFRIR DES SERVICES DE GARDE D'ANIMAUX OU DE PROMENADE DE CHIENS.

Si vous aimez passer du temps avec les animaux et que vous cherchez un moyen simple de gagner rapidement de l'argent, la garde d'animaux et la promenade de chiens pourraient être votre profession idéale. Ces services sont très demandés, en particulier dans les zones métropolitaines où les gens n'ont pas toujours le temps ou les compétences nécessaires pour faire faire de l'exercice à leurs animaux de compagnie. Voici quelques suggestions pour lancer une entreprise de garde d'animaux ou de promenade de chiens :

Vous ciblez les professionnels occupés qui ont besoin de quelqu'un pour promener leur chien pendant la journée ? Ou souhaitez-vous offrir aux propriétaires d'animaux en vacances un service de garde d'animaux pour la nuit ? Connaître votre marché cible vous permet de concentrer vos efforts de marketing et de fixer vos prix.

Fixez vos tarifs : Déterminez le prix que vous allez demander pour vos services. Tenez compte de votre expérience, du nombre de créatures dont vous vous occuperez et de la durée de votre séjour. Tenez compte de votre propre temps et de vos dépenses, comme les frais de transport.

Pensez à souscrire une assurance responsabilité civile pour vous protéger, vous et votre entreprise, contre les accidents ou les blessures. Comme pour toute entreprise, il est essentiel de créer une apparence professionnelle. Cela peut impliquer un site web, des cartes de visite et un logo.

Il existe de nombreuses méthodes pour promouvoir votre activité de garde d'animaux ou de promenade de chiens. Vous pouvez approcher les clients potentiels par le biais de sites de médias sociaux tels que Facebook, Instagram, les journaux locaux et les tableaux d'affichage communautaires. Vous pourriez également contacter les animaleries et les vétérinaires locaux pour voir s'ils seraient prêts à afficher des prospectus ou à suggérer des clients.

L'établissement d'un rapport solide avec vos clients est essentiel pour le succès de votre service de garde d'animaux ou de promenade de chiens. Arrivez à l'heure et respectez les instructions ou les procédures établies par le propriétaire de l'animal. C'est également une bonne idée de fournir à vos clients des mises à jour et des images pendant leur absence pour leur donner la tranquillité d'esprit.

Une fois que vous avez développé une base de clients stable, vous pouvez essayer d'élargir votre offre. Vous pourriez par exemple proposer des services de toilettage ou de dressage de chiens, de garde d'animaux ou de promenade de chiens pour les chats ou les oiseaux.

La garde d'animaux et la promenade de chiens peuvent être des activités rentables et gratifiantes pour les étudiants. En respectant ces lignes directrices, vous pouvez créer une entreprise rentable et durable qui vous permet de faire quelque chose que vous aimez tout en gagnant un autre revenu.

7. FAIRE DES PETITS BOULOTS POUR LES GENS DE VOTRE COMMUNAUTÉ.

En tant qu'étudiant, avoir une petite somme d'argent rapide est généralement bénéfique. Proposer des petits boulots aux gens de votre quartier est un moyen de gagner rapidement de l'argent. Ces tâches peuvent inclure l'entretien de la cour, le déblayage de la neige et le nettoyage.

L'entretien de la pelouse est un besoin dans de nombreuses communautés, en particulier pendant les mois les plus chauds. Les personnes qui manquent de temps ou d'énergie pour entretenir leur pelouse peuvent être disposées à engager quelqu'un en leur nom.

Si vous aimez le plein air et avez une aptitude pour le jardinage, cela pourrait être un excellent moyen de gagner rapidement de l'argent. Vous pouvez fournir des services de tonte, d'élagage, de bordure et de désherbage.

En hiver, le déneigement est un autre travail qui peut être très demandé. Si vous vivez dans une région où les chutes de neige sont considérables, vous pouvez gagner beaucoup d'argent en déneigeant les allées et les trottoirs de vos voisins. Cela est d'autant plus vrai si vous possédez une souffleuse à neige fiable ou tout autre équipement permettant d'accélérer le processus.

Le nettoyage est un autre service pour lequel beaucoup de gens sont prêts à payer, surtout s'ils sont trop occupés pour le faire eux-mêmes. Vous pouvez proposer un nettoyage général en organisant et en proposant des services de nettoyage en profondeur. Envisagez d'offrir des services spécialisés comme le nettoyage des tapis et le lavage des vitres.

Lorsque vous proposez des petits boulots dans votre communauté, il est essentiel d'être professionnel, fiable et sympathique. Assurez-vous de communiquer clairement avec vos clients concernant votre disponibilité et vos services. De plus, vous devez être prêt à collaborer avec vos clients pour élaborer un plan qui correspond à leurs besoins et à leur budget.

Une façon de distinguer vos petits travaux est de proposer des prix compétitifs. Envisagez d'offrir des rabais aux clients réguliers ou recommandés après avoir fait des recherches sur les prix de services similaires dans votre région. Vous pouvez également envisager de vendre des forfaits ou des offres groupées pour permettre aux clients d'acquérir plus facilement plusieurs services simultanément.

Vous pouvez avoir un flux de travail constant en entretenant d'excellentes relations avec votre clientèle. Vous pouvez également vous distinguer en vous surpassant pour votre clientèle. Il peut s'agir d'effectuer d'autres activités qui n'étaient pas prévues dans votre contrat initial, ou simplement d'être à l'écoute des désirs et des préoccupations de vos clients.

Enfin, il est essentiel de privilégier la sécurité lorsque vous proposez des travaux de bricolage. Suivez les procédures de sécurité appropriées et portez des équipements de protection si nécessaire. En outre, il est prudent de souscrire une assurance responsabilité civile en cas d'accident du travail ou de blessure.

Proposer des petits boulots comme l'entretien de la pelouse, le déneigement et le nettoyage peut être un moyen fantastique pour les étudiants de gagner rapidement de l'argent. Le professionnalisme, la fiabilité et l'amabilité vous permettront de développer une entreprise rentable et de fournir des services essentiels à la communauté.

8. LOCATION D'UNE CHAMBRE OU D'UNE PROPRIÉTÉ SUR AIRBNB.

Airbnb, une célèbre plateforme qui permet aux particuliers de louer leur maison ou leur chambre à des invités, est une option à étudier. Airbnb, qui permet aux étudiants de gagner de l'argent et de rencontrer de nouvelles personnes dans le monde entier, a gagné en popularité.

En tant qu'étudiant, l'hébergement sur Airbnb présente de nombreux avantages. La liberté qui accompagne l'hébergement est l'un de ses plus grands avantages. Si vous avez un emploi du temps serré, vous pouvez choisir quand mettre votre logement à disposition et à quelle fréquence l'accueillir. Héberger sur Airbnb peut également être une excellente occasion de rencontrer de nouvelles personnes et de découvrir de nouvelles cultures. De plus, il est possible de gagner de l'argent supplémentaire, ce qui peut être particulièrement bénéfique pour les étudiants.

Si vous êtes un étudiant intéressé par l'hébergement sur Airbnb, il y a quelques étapes à franchir pour commencer. Tout d'abord, vous devez créer un profil sur le site Web d'Airbnb. Cela implique de créer une liste pour votre espace, avec les dimensions, les équipements et les informations sur l'emplacement. Vous devez également fixer un prix raisonnable pour votre annonce, en tenant compte du coût de la vie dans votre région et de la demande de locations.

Une fois votre annonce publiée, vous pouvez utiliser certaines méthodes pour devenir un hôte efficace. Maintenir un environnement propre et bien entretenu est l'une des tâches les plus essentielles. Cela vous aidera à attirer des hôtes et à garantir leur satisfaction.

Il est également essentiel de répondre aux demandes des clients et d'établir une communication efficace. Il peut s'agir de répondre à des demandes de renseignements sur votre location et la région environnante et d'être disponible pour résoudre toute difficulté.

Airbnb peut être une excellente occasion de gagner rapidement de l'argent et d'acquérir une expérience utile, mais il y a aussi des problèmes possibles à prendre en compte. Intégrer les responsabilités d'hébergement avec le travail scolaire peut être l'un des plus grands obstacles. Vous devez consacrer suffisamment de temps à vos études et à vos fonctions d'hôte. Vous devez également être prêt à gérer les attentes des hôtes et à faire face aux problèmes potentiels.

Le respect des lois et règlements locaux est l'un des facteurs les plus importants à prendre en compte en tant qu'étudiant universitaire hôte Airbnb. Il est essentiel d'être informé des lois et réglementations locales concernant les locations à court terme, telles que les règlements de zonage et les exigences en matière de licence commerciale. Certaines localités peuvent limiter le nombre de jours de location d'un logement par an ou exiger que les hôtes enregistrent leurs annonces auprès de la municipalité ou du comté.

En plus d'adhérer aux lois et réglementations locales, vous devez connaître les règles et règlements établis par votre propriétaire ou votre association de propriétaires. Avant d'héberger sur Airbnb, vous pouvez avoir besoin de l'autorisation de votre propriétaire si vous louez un appartement ou vivez dans une résidence universitaire. De même, si vous vivez dans une communauté régie par une association de propriétaires, vous pouvez être tenu d'adhérer à certaines règles d'hébergement.

La gestion de vos finances est un autre aspect essentiel lors de l'hébergement sur Airbnb en tant qu'étudiant. Il est essentiel de suivre vos revenus et vos dépenses et de mettre de côté une partie de vos gains pour les impôts. Dans certains endroits, Airbnb collecte et verse les taxes au nom de ses hôtes, mais vous devriez toujours consulter un professionnel de la fiscalité pour vous assurer de la conformité avec toutes les réglementations fiscales applicables.

Enfin, il est essentiel de connaître les risques de l'hébergement Airbnb. Bien que la plateforme ait pris des précautions pour préserver la sécurité de ses hôtes et de ses visiteurs, il existe toujours une possibilité de dommages matériels ou de blessures corporelles.

Pour réduire ces risques, il est conseillé d'établir et d'expliquer un ensemble clair de règles de maison à vos invités. Vous pouvez également souhaiter vous protéger, vous et vos biens, en souscrivant une assurance.

Les étudiants peuvent gagner de l'argent supplémentaire et acquérir des expériences essentielles en hébergeant sur Airbnb. Vous pouvez vivre une expérience d'hébergement réussie et agréable en respectant les règles et réglementations locales, en gérant vos fonds et en étant conscient des risques.

En tant qu'hôte Airbnb, vous avez la possibilité de rencontrer des individus du monde entier et de développer éventuellement des relations durables.

Vous pouvez également fixer vos prix et vos disponibilités afin de déterminer quand et combien vous souhaitez gagner de l'argent.

Avant de commencer à louer votre propriété sur Airbnb, vous devez tenir compte des points suivants:

Selon l'endroit où vous vivez, il peut exister des lois et des restrictions spécifiques concernant les locations à court terme. Assurez-vous de connaître toutes les lois applicables et d'obtenir tous les permis ou licences nécessaires.

Si quelque chose ne va pas pendant le séjour d'un invité, il est essentiel d'avoir la bonne couverture d'assurance. La garantie hôte d'Airbnb couvre jusqu'à 1 000 000 $ de pertes. Cependant, il peut être prudent d'étudier des options d'assurance supplémentaires.

Configurer votre annonce : Une annonce bien rédigée et visuellement attrayante est l'un des éléments les plus importants pour attirer les hôtes. Soyez franc et honnête quant aux services et aux attentes que vous avez pour vos hôtes. Incluez des photos de votre emplacement et une explication détaillée des commodités que vous offrez.

Déterminez un prix raisonnable pour votre espace en fonction de son emplacement, de sa taille et de ses caractéristiques. N'oubliez pas qu'Airbnb prélève une partie de vos revenus, alors assurez-vous de fixer le prix en conséquence. Vous pouvez également proposer des réductions pour les séjours plus longs ou les réservations de dernière minute afin d'augmenter les chances de remplir votre agenda.

Une communication efficace avec vos hôtes Airbnb est essentielle pour une expérience positive. Envisagez d'établir un manuel d'accueil contenant des informations sur votre lieu et toutes les règles ou attentes pour les visiteurs. Répondez rapidement aux demandes de renseignements et assurez-vous que les instructions d'accès sont claires.

Maintenir un environnement propre et bien entretenu est essentiel pour attirer et garder les clients. Avant et après le séjour de chaque client, effectuez un nettoyage complet et pensez à fournir des extras tels que de la literie et des serviettes propres.

La sécurité : Assurer la sécurité de vos clients est de la plus haute importance. Pensez à offrir une trousse de premiers secours et à vous assurer que votre établissement est équipé de détecteurs de fumée. Vous pouvez également souhaiter acquérir un coffre-fort ou une serrure intelligente pour faciliter l'accès des invités à votre espace.

En tant qu'étudiant, vous pouvez louer avec succès et de manière rentable une chambre sur Airbnb en respectant les directives susmentionnées et en étant un hôte sympathique et réactif. Non seulement vous pourrez gagner de l'argent rapidement, mais vous aurez également la possibilité de rencontrer des personnes intrigantes et peut-être de nouer des relations durables.

9. FOURNIR DES SERVICES EN FREELANCE.

L'un des moyens les plus simples pour les étudiants de gagner de l'argent rapidement est de fournir des services en freelance dans un domaine qu'ils maîtrisent. Qu'il s'agisse de rédaction, de conception graphique ou de gestion des médias sociaux, les personnes et les entreprises recherchent toujours des personnes talentueuses pour les aider dans leurs initiatives.

La flexibilité est l'un des avantages de la prestation de services indépendants. Vous pouvez sélectionner les projets sur lesquels vous souhaitez travailler et fixer votre emploi du temps, ce qui vous permet de concilier votre emploi avec vos études et vos autres obligations.

En outre, le travail en freelance peut être une excellente méthode pour acquérir de l'expérience et constituer un portfolio, ce qui peut être particulièrement bénéfique pour les étudiants qui souhaitent entrer dans un certain secteur après l'obtention de leur diplôme.

Il existe quelques mesures que vous pouvez prendre pour commencer si vous envisagez de proposer des services de freelance. Tout d'abord, considérez les capacités que vous possédez et le type de carrière qui vous intéresse.

Êtes-vous un rédacteur efficace ?

Possédez-vous la capacité de créer des graphiques attrayants sur le plan esthétique ?

Avez-vous de l'expérience dans la gestion des comptes de médias sociaux?

Après avoir identifié vos points forts, il est temps de commencer à construire votre portfolio. Celui-ci peut contenir des échantillons de vos travaux antérieurs ainsi que des cours et des projets pertinents.

Il existe de nombreuses options pour trouver des emplois en freelance. L'une d'entre elles consiste à créer un profil sur une plateforme de freelancing, telle que Upwork, Fiverr ou Freelancer. Ces plateformes vous permettent de faire des offres d'emploi et d'interagir avec des clients internationaux. Vous pouvez également contacter directement les entreprises et les particuliers locaux pour leur proposer vos services. Les amis, les parents et les camarades de classe peuvent également être des ressources utiles pour trouver des emplois en freelance.

Lorsque vous travaillez avec des clients, il est essentiel d'être fiable et professionnel. Cela implique de fixer des objectifs et des délais clairs, de communiquer constamment et de produire un travail de qualité. En outre, il est prudent de mettre en place un contrat pour vous protéger, vous et votre client. Celui-ci peut inclure l'étendue du projet, les conditions de paiement et d'autres éléments nécessitant un accord.

Il est nécessaire de prendre en compte les implications financières du freelancing et les questions pratiques. En tant qu'étudiant, vous pouvez avoir un budget serré, il est donc essentiel de surveiller vos dépenses et de fixer le prix de vos services en conséquence. Comme tous les travailleurs indépendants sont tenus de payer leurs impôts, il peut être avantageux de réserver un pourcentage de leurs gains à cette fin.

La prestation de services en free-lance peut être une excellente méthode pour les étudiants de gagner de l'argent rapidement tout en acquérant de l'expérience et en développant leurs talents. Avec un peu d'organisation et d'efforts, vous pouvez transformer vos aptitudes en une entreprise de freelance prospère.

10. PARTICIPER À DES GROUPES DE DISCUSSION OU À DES ENQUÊTES RÉMUNÉRÉS.

La priorité numéro un de tout étudiant est l'université. Cela doit toujours être cela et rien d'autre. Cependant, il y aura des moments où vous devrez jouer deux rôles : étudiant et employé à temps partiel. C'est là que se manifestent les difficultés d'être un étudiant.

Il existe des moyens légitimes de gagner de l'argent en participant à des enquêtes, mais la question la plus importante est de savoir pourquoi les étudiants devraient sérieusement envisager cette offre. Les explications suivantes vous en donneront les raisons :

Tout d'abord, il s'agit d'une profession que les étudiants peuvent exercer. Il est si simple que vous pouvez le faire chez vous, loin de votre patron et de vos collègues. De plus, il ne nécessite pas d'obligation et d'engagement excessifs de votre part.

Vous avez le choix de participer ou non aux enquêtes. Simplement, vous répondez aux enquêtes quand vous êtes d'humeur et vous passez votre tour quand vous ne l'êtes pas. C'est tout ce qu'il y a à faire ! Vous pouvez travailler au moment qui vous convient le mieux, et si vous n'aimez pas répondre à des enquêtes, vous avez la possibilité de ne pas y répondre.

Deuxièmement, les enquêtes rémunérées pour les étudiants offrent un meilleur rendement qu'un emploi typique dans les environs de la ville universitaire. Quand vous y réfléchissez, vous comprenez que répondre à des enquêtes rémunérées rapporte plus que le salaire minimum.

Malgré la nature inconstante et variable de ce travail, il est néanmoins considéré comme un poste idéal pour un étudiant comme vous. Trouver un emploi à temps plein dans le monde réel serait plus difficile si vous ne consacrez que quelques heures par semaine à votre poste à temps partiel. Par conséquent, une enquête rémunérée en ligne offre de plus grands avantages.

En plus de gagner de l'argent en répondant à des enquêtes, les étudiants qui participent à des programmes d'enquêtes rémunérées ont également la possibilité d'être rémunérés pour tester des produits. Vous pouvez penser que les organisations qui incluent les tests de produits dans leurs services ne paient pas assez, mais vous devez considérer ces perspectives de manière positive.

Certaines sociétés d'études de marché autorisent les tests de produits, et ces produits sont étroitement liés à ceux que l'on peut acheter. Il s'agit notamment de snacks, de produits de maquillage et de produits capillaires, entre autres.

Après les explications mentionnées ci-dessus, la question des revenus se posera probablement. Combien gagne-t-on avec des enquêtes rémunérées ?

Compte tenu de l'existence d'escroqueries liées aux enquêtes rémunérées auprès des étudiants, il est difficile de déterminer si vous gagnerez une somme d'argent substantielle. Toutefois, ces sondages frauduleux payés par les étudiants ne doivent pas vous empêcher de progresser. Il existe encore un grand nombre d'organismes d'enquête en ligne légitimes et promptement rémunérés.

S'inscrire auprès de plusieurs organismes de sondage rémunérés est la clé pour faire fortune avec ce type d'activité. Étant donné que la plupart des entreprises ne fournissent qu'une quantité minimale de travail, il est prudent de s'inscrire auprès d'autant d'organismes d'enquête rémunérés que possible. Toutefois, vous ne devez jamais négliger d'assumer l'entière responsabilité de votre travail.

Maintenant, comment être admis ? Vous devez savoir que la possibilité de participer à des sociétés d'enquêtes rémunérées en ligne est assortie d'une exception. Avant d'être accepté, vous devez répondre à des questions visant à déterminer si vous remplissez les conditions démographiques requises. Si c'est le cas, vous pouvez commencer à participer à des enquêtes. N'oubliez pas que vous ne remplirez pas toujours les conditions requises pour participer à des sociétés d'enquête rémunérées.

Il y aura toujours des règles et des exceptions, il est donc essentiel de garder votre profil. Certaines entreprises ont des normes d'embauche extrêmement strictes, et le fait de conserver un dossier solide et impressionnant vous aidera à être embauché à chaque fois.

Les enquêtes rémunérées pour les étudiants sont la méthode la plus simple et la plus pratique pour gagner juste assez d'argent tout en profitant au maximum de votre temps libre à l'école, si l'on considère les différentes perspectives.

En vous inscrivant auprès de plusieurs organismes d'enquêtes rémunérées en ligne, vous pouvez générer plusieurs sources de revenus. Quel emploi à temps partiel fantastique pour soutenir vos études et vos autres responsabilités personnelles !

Les enquêtes rémunérées pour les étudiants offrent différentes méthodes de paiement. Certaines entreprises exigent que chaque employé ait un compte Pay Pal. D'autres entreprises convertissent les points en cartes-cadeaux, en marchandises et autres.

Comme pour tout emploi en ligne, il y aura toujours des arnaques aux enquêtes rémunérées pour étudiants. De nombreux rapports ont été établis concernant ces escroqueries, et ils sont tous enregistrés. Il existe encore des centaines de milliers d'enquêtes rémunérées authentiques en ligne ; il suffit de faire une recherche.

Il y aura toujours des enquêtes payantes frauduleuses auprès des étudiants, mais cela ne doit pas vous empêcher d'en réaliser. Il ne s'agit peut-être pas d'un système d'enrichissement rapide, mais savoir que vous gagnerez juste assez d'argent avec ce type de travail est toujours une bonne notion.

Vous devez comprendre qu'il n'existe aucune garantie dans ce domaine. Le succès est jugé en fonction de la façon dont une personne suit les instructions et assume l'entière responsabilité de la tâche. Les enquêtes incomplètes sont à proscrire. Assurez-vous toujours que vous vous acquittez efficacement de vos tâches.

11. VENDRE VOS PHOTOS SUR DES SITES DE PHOTOGRAPHIE DE STOCK.

La vente de vos photos sur des sites de photographie de stock est un moyen de rentabiliser votre hobby de la photographie. La photographie de stock consiste à vendre des images professionnelles adaptées au matériel de marketing, aux sites web et aux publications.

Il existe toujours une demande pour une grande variété de photographies, des paysages et des scènes de nature aux paysages urbains et aux portraits. Les sites web de photographie de stock offrent aux photographes une plateforme pour vendre leur travail à des clients du monde entier.

Si vous souhaitez vendre vos photos sur des sites de photographie de stock, voici quelques conseils pour vous aider à démarrer :

Choisissez un site de photographie de stock digne de confiance. Il existe de nombreux sites de photographie de stock, mais tous ne sont pas égaux. Certains sites offrent des conditions plus favorables aux photographes et ont un plus grand nombre d'utilisateurs, ce qui augmente la probabilité que vos photographies soient vues et achetées. Faites des recherches et choisissez un site Web bien établi et réputé.

Prenez des photos de bonne qualité : Pour vendre vos photographies sur les sites de photographie de stock, elles doivent être de grande qualité. Cela implique une composition, un éclairage et une mise au point exceptionnels, ainsi qu'un montage soigné et l'absence de distractions. Envisagez d'acheter un appareil photo de qualité et d'acquérir des compétences fondamentales en photographie si vous débutez.

Bien qu'il existe un besoin pour différents types de photographies, il peut être avantageux de se spécialiser dans un créneau particulier. Il peut s'agir de la photographie de voyage, de la photographie alimentaire ou de la photographie de portrait. En vous spécialisant dans un certain sujet, vous pouvez constituer un portefeuille de photographies de haute qualité sur un thème spécifique, ce qui peut vous rendre plus attrayant pour les acheteurs.

Comprenez les conditions de service : Chaque site de photographie de stock a ses conditions de service, qui définissent comment les images peuvent être utilisées et comment le photographe sera remboursé. Assurez-vous de bien comprendre ces conditions avant de télécharger vos images, car vous ne voulez pas vous retrouver dans une situation où vous ne seriez pas correctement remboursé pour vos efforts.

Une fois que vous avez publié vos photos sur un site de photographie de stock, vous devez en faire la publicité pour que les acheteurs potentiels puissent les trouver. Pour ce faire, vous pouvez publier vos œuvres sur les médias sociaux, rejoindre des organisations ou des forums photographiques et contacter directement des clients potentiels.

La photographie est une discipline en constante évolution. Il est donc essentiel de se tenir au courant des nouvelles techniques et modes. Envisagez de vous inscrire à des cours ou à des ateliers en ligne pour améliorer vos compétences et augmenter les chances que vos photographies soient acquises.

La vente de vos photos sur des sites de photographie de stock peut être un moyen lucratif de rentabiliser votre passe-temps photographique. Vous pouvez convertir votre passe-temps en une activité lucrative avec suffisamment d'efforts et des photographies de qualité.

Choisissez un site de photos de stock fiable, prenez des photos exceptionnelles et lancez-vous immédiatement si vous êtes prêt à vendre vos photos et à gagner de l'argent.

12. UN ASSISTANT PERSONNEL OU UN COUREUR DE COURSES.

En tant qu'étudiant, proposer vos services d'assistant personnel ou de coursier est un moyen de gagner rapidement de l'argent. De nombreuses personnes, en particulier les professionnels et les familles très occupés, ont besoin d'aide pour faire les courses, récupérer le linge au pressing et faire les courses.

Être assistant personnel ou coursier peut être un moyen pratique et flexible de gagner un revenu supplémentaire. En fonction de votre emploi du temps, vous pouvez fixer votre travail et vos horaires autant que vous le souhaitez.

Vous aurez certainement besoin d'un moyen de transport fiable et d'une attitude positive pour commencer. Il est essentiel d'être ponctuel, fiable et capable de suivre correctement les instructions. Vous devez également être cordial et professionnel lorsque vous parlez aux clients.

Pour trouver des clients, vous pouvez commencer par demander à vos amis, à vos parents et à vos connaissances s'ils ont des courses ou des tâches à faire qui nécessitent de l'aide. Vous pouvez également commercialiser vos services sur les médias sociaux et les sites de petites annonces locales.

Vous devez être organisé et productif en tant qu'assistant personnel ou coursier. Il est essentiel de suivre les projets et les échéances et de veiller à ce que tout soit terminé à temps. Vous pouvez également être amené à communiquer souvent avec les clients pour les tenir au courant de vos progrès.

En plus de faire des courses, vous pouvez également être amené à prendre des rendez-vous, à passer des appels téléphoniques et à gérer des courriels. Vous devez maîtriser les applications bureautiques standard et être capable d'effectuer des tâches administratives selon les besoins.

Pour réussir en tant qu'assistant(e) personnel(le) ou coursier(ère), vous devez être capable de vous adapter et de bien travailler sous pression. On peut s'attendre à ce que vous gériez un éventail de responsabilités, de sorte que la capacité de réfléchir rapidement et de trouver des solutions novatrices aux problèmes est essentielle.

En tant qu'étudiant, vendre vos compétences en tant qu'assistant personnel ou coursier peut être un moyen gratifiant et polyvalent de gagner rapidement de l'argent. Le métier d'assistant personnel ou de coursier peut être une excellente opportunité, que vous souhaitiez compléter vos revenus ou lancer votre propre entreprise.

13. LOUEZ VOTRE VOITURE.

La location de votre voiture sur Turo ou d'autres plateformes similaires peut être un moyen fantastique de gagner rapidement de l'argent pendant vos études. Non seulement il s'agit d'un moyen facile de gagner de l'argent supplémentaire, mais cela peut aussi aider à couvrir les dépenses liées à la possession d'une voiture. De plus, grâce à la couverture d'assurance de Turo, vous pouvez être sûr que votre véhicule est protégé pendant la location.

Alors, comment cela fonctionne-t-il?

Vous devez d'abord créer un compte Turo et inscrire votre véhicule. Vous devez fournir des renseignements de base sur votre véhicule, notamment la marque, le modèle, l'année et des photos. Turo vous proposera ensuite un tarif quotidien basé sur des véhicules comparables dans votre région. Vous pouvez accepter ce tarif ou choisir le vôtre.

Après avoir inscrit votre véhicule, vous commencerez à recevoir des demandes de location. Vous pouvez accepter ou refuser ces demandes et ajouter des règlements, comme l'interdiction de fumer ou d'avoir des chiens, afin de vous assurer que votre véhicule est bien entretenu pendant qu'il est loué.

Turo s'occupe du paiement et vous avise lorsqu'un locataire souhaite réserver votre véhicule. Vous devez rencontrer le locataire à un endroit convenu d'un commun accord pour lui remettre les clés et inspecter le véhicule.

Après la période de location, le locataire ramènera le véhicule à l'endroit convenu et vous inspecterez le véhicule pour voir s'il est endommagé. Turo vous remettra votre paiement, moins ses frais, si tout est satisfaisant.

Vous pouvez gagner beaucoup d'argent en louant votre voiture sur Turo, surtout si vous avez un véhicule populaire ou en demande. Comme Turo s'occupe du paiement et de la communication avec le locataire, vous n'avez pas à vous occuper des aspects logistiques de la location. Par exemple, si vous possédez un véhicule neuf ou coûteux, vous pouvez prévoir des frais quotidiens plus élevés.

Un autre avantage est que vous pouvez décider quand et à quelle fréquence vous louez votre véhicule. Vous avez ainsi un contrôle total sur la quantité et le moment de vos déplacements. Si vous avez un emploi du temps très chargé et que vous ne voulez pas vous engager dans un programme de location régulier, vous pouvez simplement mettre votre voiture en location lorsque vous savez que vous n'en aurez pas besoin.

Il est toutefois essentiel de se rappeler que la location de votre véhicule comporte certains risques. Par exemple, il est toujours possible que le locataire endommage votre véhicule ou ait un accident.

Il est donc important d'effectuer une inspection complète avant et après chaque location pour vérifier que le véhicule est en bon état. Turo offre une assurance aux locataires, mais il est toujours bon d'avoir une police d'assurance en cas d'imprévu.

Dans l'ensemble, la location de votre voiture sur Turo ou des plateformes similaires peut être un moyen fantastique de gagner rapidement de l'argent pendant vos études. Il est simple à mettre en place, et les rendements potentiels sont substantiels. Assurez-vous de peser les dangers et de prendre les mesures nécessaires pour protéger votre véhicule et vos intérêts financiers.

14. PARTICIPER À DES ÉTUDES CLINIQUES OU À DES ESSAIS MÉDICAUX.

Participer à des études médicales ou à des essais cliniques financés peut être un excellent moyen pour les étudiants de gagner de l'argent rapidement tout en faisant progresser la recherche médicale. Généralement entreprises par des sociétés pharmaceutiques, des instituts de recherche ou des groupes de recherche clinique, ces études évaluent souvent l'efficacité et la sécurité de nouveaux médicaments ou thérapies.

L'un des principaux avantages de la participation à une étude médicale financée est la possibilité d'en savoir plus sur le processus de recherche et de contribuer au développement de nouveaux médicaments susceptibles d'améliorer la vie des gens. En outre, de nombreuses études dédommagent les participants pour leur temps et leurs déplacements, ce qui peut constituer un avantage financier important pour les étudiants à la recherche d'un revenu supplémentaire.

Avant d'envisager de participer à une étude médicale, il est essentiel de comprendre les risques et les avantages associés. Certaines études peuvent nécessiter que les participants prennent des médicaments ou subissent des procédures médicales, et il y a toujours un risque d'effets indésirables ou de difficultés. Avant d'accepter de s'inscrire, il est essentiel de bien comprendre tous les documents fournis par le promoteur de la recherche et de discuter de toute préoccupation avec un médecin traitant.

Si vous aimez participer à une étude médicale financée, de nombreuses mesures peuvent être prises pour augmenter vos chances d'être choisi :

Enquêtez sur le promoteur de l'étude : Assurez-vous que le sponsor est crédible et qu'un comité d'éthique indépendant a approuvé la recherche.

Examinez les conditions préalables de l'étude : Vérifiez que vous remplissez les conditions d'admissibilité de l'étude, notamment l'âge, les antécédents médicaux et d'autres caractéristiques pertinentes.

Reconnaissez la rémunération : Déterminez le coût de l'étude et les dépenses qui seront remboursées.

Pensez à l'engagement en termes de temps : Assurez-vous que vous avez le temps et la disponibilité nécessaires pour remplir les critères de l'étude, y compris les visites de suivi requises.

Consultez votre professionnel de santé : Discutez de votre participation à l'étude avec votre professionnel de la santé pour garantir votre sécurité et obtenir l'autorisation médicale requise.

Il existe quelques moyens de localiser les recherches médicales et les essais cliniques rémunérés qui recrutent des personnes. Voici quelques possibilités :

De nombreux hôpitaux et instituts de recherche mènent leurs études et peuvent être à la recherche de participants.

De nombreuses bases de données Internet, dont ClinicalTrials.gov et CenterWatch, répertorient les études médicales et les essais cliniques rémunérés.

Certaines sociétés pharmaceutiques mènent leurs études et peuvent rechercher des participants si on les contacte.

Demander à votre professionnel de santé : Votre médecin peut être au courant de recherches en cours sur le recrutement de participants et être en mesure de vous orienter.

Comme indiqué dans la conclusion, la participation à des études médicales ou à des essais cliniques rémunérés est une excellente option pour les étudiants de l'enseignement supérieur, qui peuvent ainsi gagner rapidement de l'argent tout en faisant progresser la recherche médicale.

Avant de participer à une étude, il est essentiel de peser les risques et les avantages et de mener des recherches approfondies sur le sponsor. En suivant ces étapes, vous pouvez augmenter vos chances d'être sélectionné pour une étude et d'apporter une contribution significative à l'industrie médicale.

15. SERVICES D'ASSISTANTS VIRTUELS.

En tant qu'étudiant, devenir un assistant virtuel est l'une des méthodes les plus flexibles pour gagner de l'argent rapidement. Un assistant virtuel (AV) est un professionnel qui aide à distance les clients à effectuer des tâches administratives, techniques ou créatives depuis son bureau à domicile.

Si vous avez d'excellentes capacités d'organisation, le sens du détail et la capacité de faire plusieurs choses à la fois, le métier d'assistant virtuel (AV) peut être une excellente option. Voici quelques points essentiels à prendre en compte lorsque vous vous lancez dans ce domaine :

Déterminez vos domaines de compétence et concentrez-vous sur le développement de vos talents. La gestion des horaires et des calendriers, la gestion des courriels, la saisie de données, l'administration des médias sociaux et le soutien à la clientèle sont des responsabilités typiques des assistants virtuels.

Établissez une présence crédible sur le web ; Cela inclut la création d'un site web ou d'un profil LinkedIn mettant en avant votre expertise et vos compétences. Envisagez de rejoindre des communautés ou des forums en ligne où vous pourrez établir un réseau avec d'autres assistants virtuels et des clients potentiels.

Déterminez vos honoraires et votre disponibilité ; En tant qu'étudiant, vous n'avez pas beaucoup de temps libre. Vous devez donc communiquer votre disponibilité et les types de travaux que vous pouvez effectuer. Pensez à établir un système de prix échelonnés correspondant à votre degré d'expérience et de compétence.

Commercialisez vos services : Une fois que votre site web et votre profil LinkedIn sont établis, il est temps de commencer à promouvoir vos services. Informez vos amis, votre famille et vos collègues de travail de votre activité d'assistante virtuelle, et envisagez de faire de la publicité sur les médias sociaux ou via des campagnes d'e-mailing ciblées.

Continuez à étudier et à vous améliorer ; Apprendre et améliorer vos compétences est essentiel pour rester compétitif sur le marché des assistants virtuels. Envisagez de vous inscrire à des cours en ligne ou de participer à des événements du secteur pour rester au fait des dernières technologies et des meilleures pratiques.

En respectant scrupuleusement ces étapes, vous pouvez créer une activité rentable d'assistant virtuel (AV) et gagner rapidement de l'argent pendant vos études. Vous pouvez transformer votre activité d'assistant virtuel en une profession riche et satisfaisante avec peu d'efforts et d'engagement.

16. VENDRE VOS VÊTEMENTS OU ACCESSOIRES USAGÉS.

Si vous avez une grande quantité de produits légèrement usés ou de haute qualité dont vous ne voulez plus ou dont vous n'avez plus besoin, les vendre sur Poshmark ou Depop peut être une excellente méthode pour gagner rapidement de l'argent. Il peut être amusant et gratifiant d'interagir avec d'autres personnes et d'exprimer votre style distinctif.

Il suffit de créer un compte sur Poshmark ou Depop et de commencer à vendre vos objets pour démarrer. Ces deux plateformes vous permettent de publier des images et des descriptions de vos produits, de fixer vos prix et de communiquer avec des acheteurs potentiels. Vous pouvez également utiliser des hashtags pour accroître la visibilité de vos objets auprès d'un public plus large et publier vos annonces sur les médias sociaux pour attirer encore plus de consommateurs.

Lorsque vous vendez vos vieux vêtements ou accessoires sur Poshmark ou Depop, l'une des choses les plus importantes à ne pas oublier est de prendre des photos de haute qualité qui mettent en valeur vos objets sous le meilleur jour possible.

Cela implique d'utiliser la lumière naturelle, de s'assurer que vos produits sont propres et bien présentés, et de prendre de nombreuses photos sous différents angles. Vous devez également être sincère et précis dans la description de vos produits et envisager de proposer des remises groupées ou une livraison gratuite pour augmenter la désirabilité de vos produits.

Le service clientèle est un autre élément clé de la vente de vos vieux vêtements ou accessoires sur Poshmark ou Depop. Si vous répondez rapidement aux demandes et aux questions et si vous vous montrez flexible et sensible aux demandes de vos acheteurs, vous pourrez vous forger une excellente réputation et obtenir des clients réguliers. Vous devez également être prêt à négocier les prix et à conclure un accord mutuellement bénéfique avec vos clients.

Notamment, Poshmark et Depop prélèvent chacun un petit pourcentage de vos ventes pour l'utilisation de leurs plateformes. Néanmoins, il s'agit d'un prix mineur pour la facilité et la visibilité offertes par ces plateformes. En outre, plus vous réussissez à vendre vos produits, plus vous pouvez gagner d'argent.

Dans l'ensemble, la vente de vos vieux vêtements ou accessoires sur Poshmark ou Depop peut être un moyen fantastique de vider votre garde-robe, de gagner rapidement de l'argent et d'entrer en contact avec d'autres personnes qui partagent la même passion pour la mode.

Que vous cherchiez à désencombrer votre garde-robe ou à gagner de l'argent rapidement, ces plateformes offrent une méthode simple et pratique pour toucher un large public avec vos articles de qualité ou légèrement usagés.

17. VENDRE VOS COMPÉTENCES EN MATIÈRE DE TUTORAT OU D'ENSEIGNEMENT SUR DES SITES WEB.

Si vous êtes à la recherche d'une méthode flexible et rentable pour gagner de l'argent supplémentaire, envisagez de devenir tuteur ou enseignant sur des sites Web tels que VIPKid et iTutor.

En tant que tuteur ou professeur sur ces plateformes, vous aurez l'occasion d'aider des étudiants du monde entier à atteindre leurs objectifs scolaires. Vous pouvez fixer vos honoraires et travailler depuis votre domicile ou votre lieu de travail.

Pour commencer, vous devez établir un profil et soumettre une demande. Cela implique souvent de présenter des informations concernant votre parcours scolaire et votre expérience de l'enseignement et de compléter une leçon de démonstration et d'autres examens.

Une fois approuvé, vous aurez accès à différentes ressources et à un soutien pour vous aider à réussir. Il peut s'agir de matériel de formation, d'idées de cours et d'une assistance continue de la part du personnel éducatif de la plateforme.

La flexibilité est l'un des principaux avantages de devenir un tuteur ou un enseignant sur des plateformes telles que VIPKid ou iTutor. Vous êtes libre de choisir quand et où vous travaillez et combien vous travaillez. Cela en fait une alternative parfaite pour les étudiants ayant un emploi du temps chargé et le besoin de gagner de l'argent en dehors des cours.

Un autre avantage est la possibilité de gagner un salaire substantiel. Les tuteurs et les enseignants de ces plateformes peuvent gagner entre 14 et 22 dollars de l'heure, en fonction de leurs qualifications et de leur niveau d'expérience. Cela peut se traduire par des gains rapides et importants au fil du temps.

Outre les avantages financiers, devenir tuteur ou enseignant sur des plateformes telles que VIPKid ou iTutor peut également être gratifiant et enrichissant. Vous aurez l'occasion d'avoir un impact significatif sur la vie de vos élèves et de les aider à atteindre leurs objectifs académiques.

Envisagez de devenir un tuteur ou un enseignant sur des plateformes telles que VIPKid ou iTutor si vous êtes un étudiant à la recherche d'un moyen flexible et gratifiant de gagner de l'argent supplémentaire. Vous pouvez réussir dans cette position et avoir un impact significatif sur la vie de vos enfants si vous avez la bonne mentalité et le bon dévouement.

18. RÉDACTEUR OU ÉDITEUR INDÉPENDANT.

En tant qu'étudiant, proposer vos services de rédaction et de révision sur des plateformes comme Upwork et Freelancer est une méthode pour gagner de l'argent rapidement. Ces marchés Internet mettent en relation des particuliers et des entreprises avec des freelances qui peuvent les aider à effectuer certains travaux, notamment la rédaction et la révision.

Envisagez de proposer vos services de rédaction et d'édition sur ces sites si vous avez de grandes compétences en la matière et si vous souhaitez gagner de l'argent supplémentaire grâce à elles. Voici quelques suggestions pour vous aider à démarrer :

Votre profil vous permet de démontrer vos talents et votre expérience à des clients potentiels. Incluez une photo professionnelle claire et un aperçu complet de vos qualifications, y compris toute formation ou expérience pertinente.

Développez un créneau spécialisé : Bien que vous puissiez fournir différents services de rédaction et de révision, il peut être bénéfique de vous concentrer sur un certain domaine. Cela peut vous rendre plus attrayant pour les consommateurs potentiels qui recherchent un expert dans un domaine particulier. Par exemple, vous pourriez vous spécialiser dans l'élaboration de matériel pour les sites Web, les messages sur les médias sociaux ou les documents de recherche.

Tenez compte des prix pratiqués pour des services similaires sur la plateforme et de votre degré de connaissance et d'expérience lorsque vous choisissez vos tarifs. Prenez soin de communiquer vos tarifs aux clients potentiels et soyez prêt à négocier si nécessaire.

Un solide portfolio vous aidera à vous distinguer des autres freelances et à démontrer votre expertise aux clients potentiels. Pensez à incorporer des échantillons de rédaction et d'édition démontrant vos capacités et les missions que vous avez réalisées précédemment.

Envisagez d'entrer directement en contact avec des clients potentiels et de promouvoir vos services sur les médias sociaux et d'autres plateformes en ligne, ce qui peut vous aider à développer votre base de clients et à renforcer votre visibilité en tant que freelance.

Soyez professionnel et réactif : En tant que freelance, il est essentiel de communiquer efficacement avec les clients et de répondre rapidement aux demandes de renseignements. Veillez à honorer vos obligations et à soumettre un travail de qualité avant la date limite.

En respectant ces règles, vous pouvez vous imposer comme un travailleur indépendant fiable et de qualité sur des sites tels que Upwork et Freelancer. Vous pouvez transformer vos talents de rédacteur et d'éditeur en une activité rentable à l'université si vous y consacrez le temps et les efforts nécessaires.

19. OPPORTUNITÉS RÉMUNÉRÉES EN LIGNE ET MODÉLISATION.

Participer à des activités rémunérées d'acteur ou de mannequin en tant qu'étudiant est un moyen rapide de gagner de l'argent et d'acquérir de l'expérience dans l'industrie du divertissement. Vous pouvez prendre quelques mesures pour augmenter vos chances de décrocher un emploi rémunéré d'acteur ou de mannequin, malgré la difficulté de percer dans ce secteur.

Tout d'abord, il est essentiel d'établir un portfolio solide. Il peut s'agir de photos de tête, de photos du corps entier et de toute autre photo qui met en évidence votre apparence et votre style particuliers.

Envisagez d'investir dans une séance photo avec un photographe local ou demandez à un ami de prendre des images de haute qualité de vous si vous n'avez pas encore de photos professionnelles. En outre, il est bon de préparer un curriculum vitae mettant en évidence votre expérience d'acteur ou de mannequin (si vous en avez) et vos talents ou votre formation.

Ensuite, commencez à chercher des opportunités. Il existe de nombreuses façons de découvrir des opportunités rémunérées de carrière d'acteur ou de mannequin. Rejoindre une agence d'acteurs ou de mannequins est une possibilité. Ces agences représentent les talents et les aident à trouver un emploi. Bien que l'adhésion à une agence puisse être un effort compétitif, elle peut aussi être une excellente méthode pour accéder à différentes opportunités.

Vous pouvez également rechercher des opportunités par vous-même. Backstage, Model Mayhem et Craigslist ne sont que quelques sites et services qui proposent des emplois rémunérés d'acteurs et de mannequins. Consultez les directeurs de casting et les sociétés de production locales pour voir s'ils ont des projets à venir pour lesquels vous pourriez être un candidat adéquat.

Vous devez être professionnel et bien préparé lorsque vous décrochez un emploi d'acteur ou de mannequin. Arrivez à l'heure, soyez préparé et prêt à accepter des instructions, et soyez réceptif aux commentaires. Ce sont toutes des caractéristiques essentielles que les directeurs de casting et les clients recherchent chez les talents.

Participer à des missions d'acteur ou de mannequin rémunérées peut être un excellent moyen pour les étudiants de gagner de l'argent et d'acquérir une expérience dans le secteur. Avec un bon portfolio, une attitude proactive et un comportement professionnel, vous pouvez augmenter vos chances d'obtenir des missions rémunérées et d'établir une carrière réussie d'acteur ou de mannequin.

20. MARKETING D'ARTICLE.

Si vous rédigez déjà du contenu pour le web, votre forum, ou même pour l'école, croyez-le ou non, la rédaction d'articles peut être une option lucrative et simple pour les collégiens de gagner de l'argent en ligne rapidement.

L'Internet est une vaste collection d'articles, comprenant des millions de pages d'informations, toutes disponibles au bout de vos doigts. C'est une bibliothèque de connaissances sans fin qui a soif d'apprendre à chaque seconde de chaque jour.

Alors, comment commencer ? Tout d'abord, vous devez composer un article. Cet article peut porter sur n'importe quoi, sur tout ce qui se passe dans le monde ou dans votre esprit. Vous n'avez pas envie de l'écrire vous-même ? Vous pouvez engager quelqu'un en votre nom.

Ces personnes sont connues sous le nom de "ghostwriters". Elles rédigent ces articles sur des sujets divers et les vendent pour la consommation générale. Ces articles sont conçus pour permettre à l'acheteur de les personnaliser.

Certains sites Web acceptent ces articles, mais ils sont généralement de qualité inférieure et ne rapportent pas un prix élevé. La tactique la plus efficace consiste à rédiger un article de 200 à 400 mots. L'article est excessivement long et se lit comme un monologue. Vous ne voulez pas que l'article soit trop bref car vous apportez de la valeur à Internet.

Avant de soumettre votre article, assurez-vous de respecter les exigences mentionnées. Une fois que vous avez écrit un article, vous devez trouver un site Web qui les rémunère. Associated Content est l'un des meilleurs sites que j'ai trouvés. Ce site paie entre 5 et 50 dollars par article, en fonction de sa qualité et de la demande. Sur le site, les articles les plus demandés sont indiqués et leur prix est généralement beaucoup plus élevé.

Indiquez si vous souhaitez soumettre votre article en tant que "exclusif" ou "non exclusif". Exclusif signifie que vous renoncez à vos droits d'auteur au profit du site web ; vous ne serez plus autorisé à utiliser cet article. Non-exclusif signifie exactement le contraire ; vous conservez les droits d'auteur sur l'article. En général, les articles exclusifs sont les plus chers.

La création d'un livre électronique est une autre méthode pour monétiser vos écrits. Le livre peut être intéressant en tant que devoir scolaire, rapport de stage universitaire ou stratégie de résolution de problèmes. Il existe de nombreux manuels gratuits qui expliquent comment y parvenir. Les programmes d'affiliation peuvent être l'un des moyens les plus efficaces de commercialiser votre création. Après avoir créé un chef-d'œuvre, il ne reste plus qu'à le vendre au monde entier.

Des sites web comme Clickbank et Commission Junction peuvent vous aider dans cette démarche. Vous pouvez maintenant exploiter votre influence sur MySpace ou Facebook pour augmenter l'influence et la popularité de votre livre ; pour vous aider à vendre votre livre.

Bien que la rédaction d'articles ne vous rende pas riche, elle vous assure un revenu constant et constitue probablement le moyen le plus fiable pour les étudiants de gagner rapidement de l'argent en ligne.

21. SITES WEB DE MICRO-EMPLOI.

Quels types d'emplois existe-t-il ? Cela dépend en grande partie des compétences de la personne, de sa spécialité et des cours qu'elle a suivis. Les étudiants et les enfants en âge de fréquenter l'université peuvent gagner un autre revenu en publiant des offres d'emploi sur les sites de micro-emplois.

Il existe des parallèles entre les différentes disciplines universitaires et les types de tâches qui fonctionnent et se vendent bien sur les sites de micro-emplois ; les perspectives sont donc nombreuses pour les étudiants des différentes disciplines.

Qu'est-ce qu'un site de micro-emploi?

Ces sites permettent à quiconque de proposer des emplois dont le salaire est normalement inférieur à 20 dollars, les sites les plus populaires permettant aux utilisateurs de proposer des emplois dont le salaire se situe entre 5 et 10 dollars. Les services liés aux sites web tels que le référencement, la rédaction d'articles, la création de liens, etc. sont les emplois les plus couramment proposés. Pourtant, n'importe quel emploi (à l'exception des tâches pour adultes, illégales et liées aux jeux d'argent) peut devenir un best-seller !

C'est l'un des principaux attraits de ces sites : il est pratiquement impossible de prédire quel emploi trouvera un écho auprès des acheteurs qui fréquentent ces sites. La clé est la valeur et la qualité ; si vous publiez des offres d'emploi qui fournissent un service précieux permettant à l'acheteur de gagner du temps, vous vendrez des offres d'emploi!

Pourquoi les étudiants devraient-ils publier leurs offres d'emploi sur des sites de micro-emploi?

Il existe plusieurs raisons pour lesquelles les étudiants sont des vendeurs idéaux sur les sites de micro-emplois et peuvent ainsi gagner de l'argent. Toutefois, les plus importantes sont leurs aptitudes, leur capacité à travailler quand ils le souhaitent, leur familiarité avec la technologie et leur capacité à apprendre rapidement.

Les étudiants des universités sont généralement compétents dans de nombreux domaines et possèdent des aptitudes peu communes dans la communauté en général. En outre, chaque personne possède un ensemble unique de compétences qui peuvent être utilisées pour créer de l'emploi et exécuter des commandes de manière à obtenir un bon taux horaire. Plus un emploi est original et distinct, plus il sera vu et, par conséquent, plus il se vendra.

Lorsque vous avez plusieurs compétences, vous pouvez les combiner pour développer des emplois inventifs que les gens voudront acheter à bas prix. Le défi consiste à trouver comment fournir quelque chose de distinctif dans un délai relativement court. C'est à chaque individu de déterminer!

La vente sur un micro-chantier permet des horaires flexibles.

La vente d'emplois sur les sites de micro-emplois permet aux étudiants de travailler quand ils le peuvent et de répondre aux demandes de services qui leur parviennent. Ainsi, les gens peuvent travailler une heure à la fois lorsqu'ils ont du temps libre, au lieu d'avoir de nombreuses heures à "pointer" pour gagner de l'argent.

Les étudiants du collège ont grandi avec la technologie.

Comme les étudiants ont grandi avec les ordinateurs, de nombreux types de travaux qui se vendent souvent sur les sites de micro-emplois sont pour eux une seconde nature ou peuvent être rapidement maîtrisés pour un gain financier.

L'une des raisons pour lesquelles les sites de micro-emplois sont restés populaires est que les clients préfèrent payer quelqu'un qui sait déjà comment faire quelque chose plutôt que d'apprendre à le faire et d'effectuer la tâche eux-mêmes. Vous pouvez publier davantage d'offres d'emploi de qualité dans divers domaines si vous disposez d'un ensemble de compétences diversifié, et vous vendrez davantage qu'une personne ayant un seul emploi lié à une spécialisation.

Envisagez de publier des offres d'emploi sur des sites de micro-emplois si vous êtes un étudiant qui cherche à gagner de l'argent en ligne pendant votre temps libre. Vous pouvez vendre des emplois en fonction de vos connaissances et de vos talents actuels!

22. PROGRAMMES D'AFFILIATION.

Vous vous demandez pourquoi des artistes dont vous n'avez jamais entendu parler ou des appareils électroniques que vous n'avez jamais vus sont les produits les plus vendus sur Amazon ? Cela est dû en partie à la magie du marketing d'affiliation.

Ces produits sont commercialisés en masse chaque jour dans les salons de discussion, les forums, les publications et les moteurs de recherche par des gens comme vous et moi. Ils sont tous motivés par un seul objectif : les commissions. Le marketing d'affiliation peut s'avérer très fructueux et permettre aux étudiants de gagner rapidement de l'argent, même s'il nécessite au départ quelques essais et erreurs.

Comment commencer?

Tout d'abord, vous devez identifier quelque chose de populaire actuellement, comme un produit ou un sujet qui passionne les gens. Utilisez MySpace, Facebook ou votre forum préféré pour déterminer ce dont les gens ont besoin ou ce sur quoi ils se renseignent. Examinez les événements actuels dans le monde des médias et du sport. Déterminez ce qui est à la mode sur eBay, Amazon et même Google.

Google Labs propose un outil fantastique qui affiche les dix produits les plus recherchés. Considérez l'évidence : les milieux universitaires. Ce sont d'excellents endroits pour déterminer ce que les individus apprécient. Une fois que vous saurez ce que les gens désirent dans le monde entier, vous comprendrez mieux ce qu'il faut commercialiser.

Ensuite, vous devrez identifier des mots-clés pertinents et efficaces. Le choix du bon mot-clé est essentiel, car il aura un impact sur le succès de l'effort de commercialisation de votre produit. Les moteurs de recherche de mots-clés, tels que Google Keywords et Overture, sont des ressources merveilleuses pour trouver les meilleurs mots-clés pour votre campagne. Recherchez des mots clés longs (de 3 à 5 mots) ayant un fort volume de recherche et une faible concurrence.

Comment trouver le meilleur produit?

Après avoir identifié votre sujet et votre mot-clé, l'étape suivante consiste à trouver un produit. Pour réussir à faire de la publicité pour un produit, il faut identifier quelque chose qui, selon vous, aidera à résoudre un problème et qui est pertinent pour votre public cible. Assurez-vous que le produit correspond à votre marché cible. Si vous voulez aider quelqu'un à perdre du poids avant son mariage, vous devez éviter de vendre des produits lucratifs.

Comment s'inscrire à un programme d'affiliation?

Presque toujours, chaque produit sera affilié à un programme d'affiliation. Amazon est très probablement le meilleur endroit pour trouver des programmes d'affiliation pour des produits réels. Il offre un programme de commission exceptionnel.

Amazon s'occupe de ses affiliés et fournit d'innombrables ressources pour vous aider à démarrer. En général, ses programmes d'affiliation offrent des commissions allant de 50 à 75 %. ClickBank est votre meilleure option si vous avez l'intention de vendre un produit électronique. Cependant, j'ai découvert quelques pommes pourries sur ce site.

Après avoir déterminé le sujet, les mots-clés, le produit et le programme d'affiliation, vous devrez déterminer l'approche. Pour commencer, le marketing par article est la meilleure stratégie. Il suffit d'établir une lentille Squidoo ou une page de destination en rapport avec votre produit et de télécharger des articles pertinents. Cette approche du marketing d'affiliation peut être lente et prendre du temps, mais elle est gratuite et en vaut la peine pour les débutants.

Vous pouvez essayer la publicité par paiement au clic sur des sites Web comme Google Adwords, Yahoo Search Marketing et MSN AdCenter si vous pensez être plus avancé que le marketeur moyen. Vous pouvez faire des gains beaucoup plus rapidement si vous organisez correctement vos campagnes. Cependant, le danger est nettement plus grand et peut être extrêmement coûteux si vous manquez d'expérience.

Où puis-je trouver plus d'informations sur le marketing d'affiliation?

Que ce soit par le biais du marketing d'article ou de la publicité par paiement au clic, le marketing d'affiliation peut être lucratif s'il est exécuté efficacement. La meilleure façon de gagner de l'argent dans ce domaine est de trouver des sites qui vous informent sur le fonctionnement du marketing d'affiliation.

Des sites Web tels que Wealthy Affiliate et Bum Marketing Methods sont des ressources merveilleuses si vous souhaitez étudier les tenants et les aboutissants de cette activité. Par conséquent, que vous soyez étudiant ou que vous recherchiez un revenu supplémentaire, le marketing d'affiliation est une activité sur laquelle vous devriez vous renseigner.

23. GOOGLE ADSENSE.

Vous êtes-vous déjà demandé d'où venaient ces petites annonces sur les sites Web ? Ces publicités font partie d'un programme de Google appelé AdSense. Ils semblent vous suivre partout où vous allez sur Internet et savent ce que vous recherchez.

Cet outil permet à tout site Web ou blog de générer des revenus par le biais de publicités. C'est l'un des moyens les plus simples pour les étudiants de gagner de l'argent en ligne, même si cela peut sembler compliqué.

Si vous êtes comme la plupart des internautes, les pop-up et les bannières publicitaires sont facilement distrayants. Elles semblent détruire complètement l'expérience web. Google AdSense surpasse les bannières publicitaires standard. Il effectue automatiquement une recherche sur votre site Web ou votre blog et trouve des publicités adaptées en fonction de la question de recherche du visiteur. Les annonces sont plus petites, moins intimidantes et nettement plus efficaces avec moins de surface.

Vous pouvez donc vous demander ce que cela signifie pour un étudiant. Avec le début du 21e siècle, la transmission du matériel pédagogique et des devoirs s'est considérablement informatisée.

Avec l'utilisation accrue des environnements de classe virtuelle, la construction d'un site Web ou d'un blog est passée d'un passe-temps à un besoin important. Les étudiants peuvent facilement gagner de l'argent en ajoutant des publicités sur leurs sites Web.

Depuis le début du siècle, le développement des sites Web s'est considérablement étendu. Chaque jour, des sites Web présentant des millions de thèmes et de capacités distincts sont développés.

Aucun problème si vous n'avez pas d'argent pour l'hébergement. Pas de problème si vous avez les 10 à 20 $ par mois pour l'hébergement mais que vous manquez de compétences en matière de conception. Il existe d'autres sites d'hébergement gratuits, comme synthasite.com et weebly.com.

Tout le monde aime les blogs d'opinion ; vous pouvez écrire sur n'importe quoi, littéralement ! La plupart des sites d'hébergement proposent des assistants de conception pour simplifier le processus de création ou, dans le pire des cas, vous n'avez rien à écrire. Aucun problème. Il suffit de créer un blog d'opinion à l'aide d'une plateforme comme blogger.com.

Pour commencer à gagner de l'argent avec votre site Web, rendez-vous sur Google et repérez leurs programmes publicitaires au bas de leur site. Choisissez le programme AdSense, ajoutez votre site Web et vos informations personnelles, et le tour est joué.

Google AdSense permet de sélectionner facilement les types de publicités que vous souhaitez afficher et fournit de nombreux didacticiels sur la manière de les mettre en œuvre sur votre site Web. Une fois que vous avez terminé de placer des publicités sur votre site Web, vous pouvez vous asseoir et regarder l'argent affluer.

Vous devez éviter de cliquer sur vos annonces. Bien que cela puisse sembler anodin, Google considère qu'il s'agit d'une "fraude au clic" et vous exclura probablement de son programme AdSense. Google est exceptionnellement doué pour détecter cette escroquerie, il est donc inévitable de se faire prendre.

Essayez de générer du trafic gratuit vers votre site Web grâce à des services de partage de signets tels que Stumble et del.icio.us. Une fois que les internautes auront visité votre site, vous devriez commencer à constater les résultats de votre travail.

Google paie à la fin de chaque mois. Vous serez donc payé lorsque le solde de votre compte atteindra 100 $. Google préfère le dépôt direct par transfert électronique de fonds, mais n'hésite pas à envoyer un chèque.

AdSense peut fournir à un étudiant affamé un revenu constant à temps partiel, malgré l'incapacité du programme à générer un revenu substantiel. AdSense est incontestablement l'un des meilleurs moyens de gagner de l'argent en ligne si vous êtes créatif et prêt à faire quelques efforts.

24. TRANSCRIPTEURS À DOMICILE.

Travailler comme transcripteur à domicile peut être très gratifiant. Vous pouvez travailler à votre rythme sur des tâches qui sont à la fois essentielles et adaptables à vos besoins. Vous pouvez travailler comme transcripteur médical en plus de diverses autres industries.

Les employeurs de transcripteurs recherchent des personnes ayant des horaires différents. Les étudiants sont souvent très occupés par leurs études. Cela leur laisse peu de temps pour une carrière conventionnelle dans un restaurant. De plus, travailler à domicile en tant qu'étudiant universitaire est une excellente option.

Lorsque vous commencerez à chercher un poste de transcripteur, vous découvrirez souvent que les entreprises veulent évaluer vos compétences rédactionnelles. Parfois, cela nécessitera des exemples de rédaction ou une période de formation.

Alors que de nombreux postes de transcripteur médical exigent une expérience dans une spécialité médicale, de nombreux autres emplois de transcripteur ne l'exigent pas. Vous pouvez travailler en tant que transcripteur juridique ou en tant que transcripteur indépendant.

En tant que transcripteur, vous recevez un lot d'enregistrements audio que vous devez transcrire dans le format spécifié par votre entreprise. Il s'agit d'une procédure simple dans la plupart des cas, et vous pouvez accomplir votre travail relativement facilement. Cependant, le travail de transcripteur n'est pas une méthode pour devenir riche rapidement.

Envisagez de devenir un transcripteur à domicile si vous êtes un étudiant à la recherche d'un moyen facile de gagner de l'argent pour vous aider à payer vos frais de représentation. Il est merveilleux de travailler quelques heures de plus chaque semaine en tant que transcripteur pour gagner de l'argent de poche supplémentaire.

Essayez ce que j'ai fait si vous avez besoin d'argent immédiatement ou dans l'heure. Je gagne plus d'argent aujourd'hui que dans mon activité précédente, et vous le pouvez aussi : cliquez sur le lien ci-dessous pour lire ce récit incroyable et authentique. J'ai été méfiant pendant seulement dix secondes après mon adhésion avant de savoir ce que c'était. Vous serez également rayonnant d'une oreille à l'autre, comme je l'ai été.

25. BARTENDING.

Il est essentiel de réaliser que le métier de barman, bien que bénéfique pour votre style de vie d'étudiant et votre compte financier, n'est pas aussi simple que certains le croient. Avant de décider si un emploi à temps partiel dans le secteur est fait pour vous, considérez le type de travail que l'on vous demandera d'accomplir.

Selon l'établissement, le travail derrière le bar peut être assez éprouvant. Un flux constant de clients entrera dans l'établissement, et chacun exigera un service immédiat. Plus il y a de clients, plus vous devrez préparer de boissons en même temps, et plus il est probable que les consommateurs s'irriteront si leurs commandes ne sont pas correctement exécutées.

Un avantage est que vous ne vous ennuierez jamais. Contrairement à ce qui se passe dans un magasin de détail, vous n'aurez pas à effectuer la même tâche de façon répétitive. Néanmoins, vous serez pris d'assaut ! Certaines personnes s'épanouissent dans ce cadre, d'autres non.

Le maintien de la satisfaction des clients sera une priorité absolue. Plus vos clients seront satisfaits, plus ils seront enclins à vous donner des pourboires. Vous pouvez gagner un salaire décent, mais la plupart de vos revenus proviendront des pourboires.

En raison d'un environnement très actif, vous ne pouvez pas toujours converser avec les clients, mais le fait de vous occuper de tout ce qui vous entoure tout en restant courtois et en offrant un "service avec le sourire" vous sera très utile.

Une deuxième facette du métier de barman que beaucoup de personnes négligent n'a rien à voir avec les consommateurs. Mettre plusieurs personnes dans une atmosphère stressante où elles doivent compter les unes sur les autres pour accomplir une tâche peut entraîner de nombreux conflits de personnalité. Les collègues de travail peuvent parfois être la source du plus grand stress.

Vous devez apprendre à ne pas prendre les déclarations personnellement lorsque quelqu'un est préoccupé et vous envoie des piques. Vous devez également éviter de faire de la microgestion et de vous énerver lorsque quelqu'un de plus expérimenté vous demande d'accomplir une tâche.

Après avoir compris la réalité du métier de barman, vous pouvez postuler à un emploi en sachant à quoi vous attendre dans une certaine mesure. Le travail n'est pas simple, mais il est gratifiant. La plupart des étudiants qui ont travaillé dans un bar considèrent cette expérience comme la plus agréable qu'ils aient jamais vécue. Certains l'apprécient tellement qu'ils y restent et accèdent à d'autres postes dans l'hôtellerie.

26. PARTICIPER À DES STAGES OU À DES APPRENTISSAGES RÉMUNÉRÉS.

Il peut être difficile de jongler entre les cours, les activités extrascolaires et un emploi à temps partiel en tant qu'étudiant. Néanmoins, trouver des moyens de gagner de l'argent tout en poursuivant ses études peut être essentiel pour couvrir les factures et acquérir une expérience professionnelle utile. La participation à des stages ou à des apprentissages rémunérés est un moyen pour les étudiants de gagner de l'argent.

Les stages et apprentissages rémunérés permettent aux étudiants d'acquérir une expérience pratique dans une profession particulière tout en percevant un salaire ou une allocation. Ces programmes peuvent être une excellente occasion d'améliorer votre CV, de nouer des contacts avec des professionnels et, éventuellement, d'obtenir un poste à temps plein après l'obtention de votre diplôme.

Participer à des stages et à des apprentissages rémunérés en tant qu'étudiant universitaire présente divers avantages. Voici quelques-uns de ces avantages importants :

Les stages et apprentissages rémunérés permettent aux étudiants d'acquérir une expérience professionnelle significative dans un secteur particulier. Cela peut booster votre CV et augmenter vos chances d'obtenir un poste à temps plein après l'obtention de votre diplôme.

Les stages et apprentissages rémunérés permettent aux étudiants de percevoir un salaire ou une allocation au lieu de stages non rémunérés. Cela peut être utile pour couvrir les frais de scolarité, le loyer et d'autres dépenses.

Les stages et apprentissages rémunérés vous permettent de rencontrer et de collaborer avec des spécialistes de votre secteur, ce qui vous permet d'élargir votre réseau professionnel. C'est un moyen rapide d'élargir votre réseau professionnel et de nouer des liens qui peuvent déboucher sur de futures possibilités d'emploi.

Les stages et les apprentissages rémunérés peuvent contribuer au développement de nouvelles compétences et à l'amélioration des compétences existantes. Cela peut être particulièrement utile pour les étudiants qui sont indécis quant à leur choix de carrière ou qui souhaitent changer de domaine.

Les stages et apprentissages rémunérés débouchent souvent sur des possibilités d'emploi à temps plein après l'obtention du diplôme. Participer à ces programmes vous permet d'avoir accès à des employeurs potentiels et de leur faire une impression positive.

Comment trouver des stages et des apprentissages rémunérés et y postuler:

Avant de rechercher des stages rémunérés et des apprentissages, vous devez définir vos intérêts et vos objectifs de carrière. Cela vous permettra de réduire vos sélections et de vous concentrer sur les perspectives qui correspondent à vos objectifs.

Étudiez les programmes disponibles : De nombreux sites Internet existent pour aider les étudiants à trouver des stages et des apprentissages rémunérés. Voici quelques possibilités :

De nombreuses écoles et universités disposent de centres d'orientation professionnelle qui fournissent aux étudiants à la recherche de stages et d'apprentissages des informations et un soutien. Ces centres disposent souvent de listes de programmes disponibles et peuvent fournir une aide à la candidature.

De nombreuses organisations professionnelles offrent des possibilités de stage et d'apprentissage aux étudiants. La recherche d'organisations dans votre domaine peut vous permettre de découvrir des opportunités non annoncées.

Divers forums d'emploi sur Internet proposent des stages et des apprentissages rémunérés. Indeed, LinkedIn et InternMatch sont des exemples de possibilités populaires.

Préparez votre dossier de candidature. Il est essentiel de préparer votre dossier de candidature une fois que vous avez découvert les programmes de stage ou d'apprentissage possibles. Il s'agit généralement d'un CV, d'une lettre de motivation et d'autres documents requis par le programme. Assurez-vous que votre candidature est adaptée au programme et que vous mettez en valeur vos compétences et expériences pertinentes.

Il est conseillé de soumettre des candidatures à de nombreux stages rémunérés et programmes d'apprentissage pour maximiser vos chances d'être accepté. Veillez à lire attentivement les exigences de la candidature et à soumettre tous les documents nécessaires.

Après avoir soumis votre candidature, vous devriez contacter le programme pour vous renseigner sur le statut de votre candidature. Cela pourrait démontrer votre intérêt et votre engagement envers cette opportunité.

Optimiser votre expérience de stage ou d'apprentissage rémunéré:

Vous devez maximiser l'opportunité une fois accepté dans un stage ou un apprentissage rémunéré. Voici quelques conseils pour réussir :

Comme pour tout poste, il est essentiel d'être ponctuel et fiable. La ponctualité et le respect des obligations indiquent votre professionnalisme et votre dévouement au programme.

N'ayez pas peur de prendre l'initiative et de poser des questions. Cela pourrait démontrer votre zèle pour l'apprentissage et votre volonté de faire un effort supplémentaire.

Les stages et apprentissages rémunérés vous permettent d'établir un réseau et de développer des relations avec des personnes de votre domaine. Tirez le meilleur parti de cette chance en établissant un réseau et en nouant des relations.

Autant de connaissances que possible : N'oubliez pas que l'objectif premier des stages et apprentissages rémunérés est d'acquérir une expérience et des compétences importantes. Soyez aussi ouvert que possible à l'apprentissage et acceptez des tâches et des responsabilités stimulantes.

Les stages et apprentissages rémunérés peuvent être une excellente méthode pour les étudiants de gagner de l'argent tout en acquérant une expérience professionnelle essentielle et en construisant leurs réseaux professionnels.

En suivant les méthodes expliquées dans cette section, les étudiants peuvent trouver des stages et des apprentissages rémunérés, y postuler et tirer le meilleur parti de l'opportunité une fois qu'ils sont approuvés.

Les stages et les apprentissages rémunérés peuvent constituer un merveilleux investissement dans votre avenir, que vous cherchiez à explorer une carrière potentielle ou à acquérir des compétences pratiques.

27. FREELANCING ET GIG ECONOMY EMPLOIS.

Le travail en freelance et les gigs economy peuvent être des choix intéressants pour les étudiants qui cherchent à gagner de l'argent rapidement. Ces types d'emploi offrent une certaine flexibilité et la possibilité de travailler sur différents projets ou tâches, souvent de manière temporaire.

L'un des avantages du travail en freelance et des emplois de type "gig economy" est qu'ils peuvent être réalisés de manière flexible. Cela attire généralement les étudiants qui ont d'autres obligations, comme des cours ou des activités extrascolaires. En outre, de nombreux travaux en freelance et en gig economy peuvent être effectués à distance, ce qui les rend idéaux pour les étudiants qui ne souhaitent pas faire la navette avec un emploi traditionnel.

L'édition, la rédaction, la gestion des médias sociaux et la conception graphique font partie des nombreux emplois en freelance et en gig economy. Vous pouvez trouver un emploi en freelance dans votre sujet d'étude ou d'intérêt si vous possédez un talent ou une spécialité particulière.

L'utilisation de sites internet tels que Upwork, Fiverr et Freelancer est une façon de découvrir des emplois en freelance et dans la gig economy. Ces sites mettent en relation des freelances et des clients à la recherche de différents services, ce qui vous permet de faire des offres ou de postuler pour des tâches qui correspondent à vos compétences et à votre disponibilité.

Le réseautage avec des personnes ou des entreprises dans votre domaine d'intérêt est une autre solution pour trouver un emploi en freelance et des emplois dans la gig economy. Vous pouvez trouver un emploi en contactant des professeurs ou des professionnels de votre domaine ou en rejoignant des organisations professionnelles ou des groupes de réseautage.

Vous pouvez également découvrir des emplois de freelance et de gig economy par le biais du centre d'orientation professionnelle de votre établissement, des listes d'emplois, d'Internet et du réseautage. De nombreux établissements d'enseignement supérieur disposent de ressources pour aider les étudiants à trouver des emplois en freelance et dans l'économie parallèle, et ils peuvent être en mesure de vous mettre en contact avec des clients et des employeurs potentiels.

Le travail en freelance et les emplois de type "gig economy" peuvent être d'excellentes alternatives pour les étudiants à la recherche d'un revenu flexible et rapide. Que vous ayez une certaine capacité ou connaissance ou que vous souhaitiez vous essayer à différents projets et tâches, de nombreuses options sont disponibles pour répondre à un large éventail d'intérêts et d'expertise.

Lorsqu'il s'agit de freelancing et d'emplois de la gig economy, il est essentiel de peser les risques et les avantages possibles de chaque opportunité. Si ces emplois peuvent offrir une certaine flexibilité et la possibilité de travailler sur différents projets, ils peuvent également présenter des obstacles.

Par exemple, les emplois en freelance et les emplois de la gig economy peuvent ne pas offrir la même sécurité d'emploi ou les mêmes avantages qu'un emploi traditionnel, comme une assurance maladie ou des plans de retraite. Il est essentiel d'étudier en profondeur les conditions de toute opportunité et d'être attentif aux dangers et obstacles potentiels.

En outre, les emplois en freelance et les professions de la gig economy nécessitent souvent de gérer ses impôts et ses fonds. Cela peut impliquer de suivre ses revenus et ses dépenses et de mettre de l'argent de côté pour les impôts. Il est conseillé de se familiariser avec les règles et réglementations fiscales liées au travail en freelance et aux emplois de la gig economy et de consulter un fiscaliste si vous avez des questions.

Une autre difficulté des emplois en freelance et de la gig economy est la nécessité de rechercher continuellement de nouvelles opportunités. Pour conserver un revenu régulier, vous pouvez être amené à rechercher constamment de nouveaux clients ou projets. Cela peut vous obliger à être proactif dans la vente de vos compétences et services, ce qui peut prendre beaucoup de temps.

Malgré ces obstacles, les emplois en freelance et dans le cadre de la gig economy peuvent être d'excellents choix pour les étudiants à la recherche d'un revenu flexible et rapide. Que vous ayez une certaine capacité ou connaissance ou que vous souhaitiez vous essayer à différents projets et corvées, de nombreuses options sont disponibles pour répondre à un large éventail d'intérêts et d'expertise.

Pour maximiser vos chances de réussite dans les emplois de freelance et de la gig economy, il est essentiel d'être digne de confiance et professionnel. Cela peut impliquer de définir clairement les attentes des clients, de respecter les délais et de produire un travail de qualité.

En vous forgeant une réputation de freelance ou de travailleur indépendant compétent et fiable, vous augmenterez vos chances de décrocher de nouvelles opportunités et d'établir une carrière réussie en tant que freelance ou travailleur indépendant.

Le travail en freelance et les emplois de la gig economy peuvent être d'excellentes alternatives pour les étudiants à la recherche d'un revenu flexible et rapide. Si ces types de travail peuvent présenter des problèmes, ils peuvent également offrir des opportunités de développer des compétences et d'acquérir une expérience utile. Vous pouvez augmenter vos chances de succès dans le travail en freelance et les emplois de l'économie parallèle en évaluant soigneusement les risques et les avantages possibles et en étant professionnel et fiable.

CHAPITRE 2: ÉTAPES POUR COMMENCER À GAGNER DE L'ARGENT RAPIDEMENT.

Dans le contexte économique actuel, de nombreux étudiants ont du mal à joindre les deux bouts en raison de l'augmentation des frais de scolarité et du coût total de la vie. Ce n'est pas un secret que beaucoup cherchent des solutions simples et rapides pour gagner plus de revenus. Je sais que les étudiants sont généralement en tête de ce classement.

Dans ce chapitre, j'aborderai une approche détendue pour gagner de l'argent rapidement que tout le monde, en particulier les étudiants, peut appliquer. Cette méthode peut être utilisée pour gagner des milliers de dollars par mois. Je dois noter que la stratégie que je vais décrire peut être utilisée pour gagner bien plus que quelques dollars supplémentaires.

Commençons immédiatement cette procédure. La beauté de cette situation est que nous ne vendrons rien. Ce que nous allons faire, c'est générer des pistes pour les entreprises. Nous serons rémunérés pour chaque piste que nous enverrons à ces entreprises. Nous gagnerons de l'argent en faisant remplir à d'autres personnes de brefs formulaires demandant d'autres informations. C'est aussi simple que cela.

Cette stratégie de marketing est connue sous le nom de marketing CPA (coût par action). Comme je l'ai dit plus haut, je suis conscient que cela peut sembler assez simple, mais certaines personnes gagnent leur vie uniquement grâce aux offres CPA.

Il existe de nombreuses opportunités CPA intimement liées aux étudiants. Cela signifie qu'il peut y avoir des opportunités disponibles pour réduire la dette des prêts étudiants ou obtenir des bourses pour aider à payer les dépenses. Comment les étudiants pourraient-ils en profiter ?

Ces offres sont généralement associées à un taux de conversion élevé, qui se traduit par des revenus substantiels.

L'approche!

Tout d'abord, vous devez vous inscrire auprès d'un cabinet d'expertise comptable. Certaines sociétés exigent que vous soyez approuvé avant de promouvoir leurs offres, mais beaucoup d'autres ne le font pas. Il suffit d'effectuer une recherche sur Google pour "top CPA networks", et vous découvrirez de nombreux résultats.

Vous pouvez également rechercher "réseaux CPA non approuvés" ou "comment être approuvé par un réseau CPA". Croyez-moi, ce n'est pas si compliqué. Ne vous laissez pas décourager par cette étape de base.

Une fois que vous avez établi un réseau, passez un peu de temps à identifier les offres qui peuvent intéresser les étudiants. Cela ne devrait prendre que quelques instants. Veillez à examiner la rémunération et à vous assurer qu'elle est adéquate. Je dirais que tout ce qui est supérieur à 4 $ fonctionne.

L'offre que vous sélectionnez comportera un lien de suivi long et disgracieux. Ce lien doit être raccourci, ou en d'autres termes, sa laideur doit être dissimulée. Il existe plusieurs façons d'y parvenir, mais pour vous faire gagner du temps et de l'argent. Je vais vous montrer une méthode efficace et gratuite.

Amenez votre URL de suivi sur le site Web bit.ly. Ici, vous rendrez votre lien plus court et plus attrayant. Vous pouvez également modifier ces liens pour qu'ils correspondent à l'offre CPA.

Créez ou procurez-vous un prospectus simple pour promouvoir l'offre. Veillez à ce qu'il soit à la fois simple et attrayant. Veillez à ajouter votre lien de suivi abrégé lors de sa conception. De nombreux programmes gratuits de conception de flyers sont disponibles en ligne, ou vous pouvez demander à un ami d'en créer un pour vous. Si tout le reste échoue, vous pouvez vous rendre sur le fantastique site de Fiverr et payer 5 $ pour en créer un.

Étape 5 : Tout d'abord, imprimez au moins 100 prospectus. Vous pouvez utiliser votre imprimante ou confier le document à un service d'impression relativement bon marché.

L'étape 6 consiste à distribuer soigneusement ces flyers dans des endroits où les gens les verront. Une excellente stratégie consiste à attendre la fin des cours et à distribuer les dépliants à chaque bureau vide. Veillez également à les afficher sur les tableaux d'affichage du campus.

Les étudiants peuvent utiliser cette stratégie pour gagner de l'argent avec peu de frais de démarrage et de temps à consacrer. Il existe une pléthore d'offres que vous pouvez proposer, et beaucoup d'entre elles ont des taux de rémunération à la piste lucratifs. Il existe des moyens légitimes de gagner de l'argent dans le monde. Il suffit de passer à l'action.

CONCLUSION.

Outre les choix énumérés et expliqués précédemment, tels que les emplois à temps partiel sur le campus et le travail en freelance, les étudiants ont d'autres possibilités de gagner rapidement de l'argent.

Par exemple, la vente de produits ou de services en ligne est un moyen fantastique de convertir vos intérêts ou vos compétences en revenus. Créer une boutique en ligne pour vendre des objets faits main ou uniques ou offrir vos services en tant que tuteur, écrivain ou designer peut suffire.

La participation à des enquêtes et à des groupes de discussion rémunérés est une deuxième solution pour les étudiants. En tant qu'étudiant, vous pouvez participer à ces opportunités pour gagner de l'argent supplémentaire, car de nombreuses entreprises sont prêtes à payer pour obtenir les avis et les idées de leurs clients.

La location d'une chambre ou d'une propriété sur Airbnb est une autre alternative pour les étudiants à la recherche d'argent rapide. Si vous avez une chambre libre chez vous ou dans une propriété, vous ne l'utilisez pas souvent. Vous pourriez gagner de l'argent supplémentaire en la louant à des voyageurs. Cela peut être un excellent moyen de compenser le loyer et d'autres dépenses.

Participer à des essais cliniques contre rémunération est une autre option pour les étudiants qui cherchent à gagner de l'argent rapidement. Ces essais recherchent principalement des personnes en bonne santé pour participer à des recherches médicales et vous rémunèrent généralement pour votre temps.

Avant de s'engager dans un essai clinique, il est essentiel d'être informé des dangers encourus et d'entreprendre des recherches approfondies sur l'entreprise ou l'organisation qui mène l'essai.

Enfin, les étudiants peuvent gagner rapidement de l'argent en donnant des cours particuliers ou en instruisant les autres. Vous pouvez proposer vos services en tant que tuteur ou instructeur si vous êtes spécialisé dans un domaine spécifique ou si vous possédez une compétence que vous pouvez enseigner aux autres. Cela peut être un moyen rapide de gagner de l'argent supplémentaire tout en aidant les autres dans leur développement personnel.

Il existe de nombreuses options permettant aux étudiants de gagner de l'argent rapidement. Que vous recherchiez un emploi à temps partiel sur le campus, la possibilité de travailler en free-lance ou de vendre des biens ou des services en ligne, il existe différentes possibilités correspondant à vos intérêts et à vos compétences.

J'espère que ce livre vous a fourni des informations utiles et vous a motivé dans votre réflexion sur les possibilités de gagner de l'argent supplémentaire en tant qu'étudiant.

Compétences de gestion pour les gestionnaires.

1. Gestion du temps pour les managers
2. Coaching des employés pour les managers
3. Développement de l'esprit d'équipe pour les managers
4. Confiance en soi pour les managers
5. Techniques de négociation pour les managers
6. Compétences en matière de service à la clientèle pour les managers
7. L'affirmation de soi pour les managers
8. Étiquette commerciale pour les managers
9. Techniques d'écoute pour les managers
10. Compétences en matière de leadership pour les managers
11. Compétences en communication pour les managers
12. Techniques de présentation pour les managers
13. Gestion du stress pour les managers
14. Prise de décision pour les managers
15. Gestion des conflits pour les managers.

Série : La liberté financière à tout âge.

- Atteindre la liberté financière à 20 ans
- Atteindre la liberté financière dans la trentaine
- Atteindre la liberté financière dans la quarantaine
- Atteindre la liberté financière dans la cinquantaine
- Atteindre la liberté financière à 60 ans
- Atteindre la liberté financière à 70 ans et plus.
- Atteindre la liberté financière chez les enfants

- Atteindre la liberté financière chez les adolescents
- Atteindre la liberté financière chez les étudiants universitaires.
- Les escroqueries financières dont il faut se méfier à la retraite.

Série : Des finances personnelles pour vous.
- Acheter et vendre des crypto-monnaies pour les débutants
- Pourquoi investir dans des actions à dividendes est judicieux.

Série : Patrimoine 2022.

- Créer sa propre entreprise
- Gestion de patrimoine
- Revenu passif.
- 12 étapes pour créer votre propre entreprise.

Série : Un excellent service à la clientèle.
- Excellent service à la clientèle dans le commerce de détail
- Excellent service à la clientèle dans la restauration rapide

- Excellent service à la clientèle dans un restaurant à service complet
- Excellent service à la clientèle dans l'enseignement.
- Excellent service à la clientèle dans l'immobilier
- Excellent service à la clientèle dans un centre d'appels
- Excellent service à la clientèle en tant que réceptionniste
- Excellent service à la clientèle dans un hôtel
- Excellent service à la clientèle dans la vente
- Excellent service à la clientèle, peu importe la situation.
- Excellent service à la clientèle dans un cabinet dentaire
- Excellent service à la clientèle dans un cabinet médical.

Série : L'argent rapide.

- Argent rapide en une semaine
- Argent rapide en un week-end
- Argent rapide en un mois
- Argent rapide pour les étudiants.

Série : Comment faire de la promotion.

- Comment promouvoir votre livre de recettes
- Comment promouvoir votre livre pour enfants.

Autres livres de D.K. Hawkins.

- ➢ Comment faire prospérer votre entreprise pendant une récession
- ➢ Créer une valeur ajoutée pour les clients
- ➢ Reconnaître les possibilités d'augmenter les flux de trésorerie.

Biographie de l'auteur

D.K. Hawkins. D.K. aime lire des livres sur les affaires personnelles ainsi que passer du temps à l'extérieur. D'autres livres viendront s'ajouter à cette collection, alors suivez-nous sur Amazon pour en savoir plus.

Merci d'avoir acheté ce livre.

Je vous en remercie sincèrement et je vous apprécie, vous, mon excellent client.

Que Dieu vous bénisse.

D.K. Hawkins.

www.ingramcontent.com/pod-product-compliance
Lightning Source LLC
Chambersburg PA
CBHW050006230526
45465CB00003BB/1284